복음의 신조

최순애 지음

믿음의말씀사

| 서문 |

　예수님을 나의 구원자로 만나 영접한지 어느덧 30년이 되어갑니다. 되돌아보면 더 좋은 것을 얻기 위한 강한 갈망으로 여기저기 열심히 찾아다니기도 했고 천일 철야, 산기도 등을 하며 나름대로 열심을 내었지만, 비효율적인 노력들이 많았음을 인정할 수밖에 없습니다. 그럼에도 언제나 은혜가 많으신 주님께서는 더 좋은 길로 인도해 주셨고, 마침내 사도 바울의 계시인 새로운 피조물로서의 삶, 하나님께서 예수 그리스도의 죽으심과 부활하심을 통해서 준비해 주신 그 놀라운 삶으로 저를 인도해 주셨습니다.

　그리스도인들이 많은 성경 지식과 경험들을 가지고 있지만, 자신이 구체적으로 무엇을 믿는 것인지, 자신이 받아들인 복음이 무엇인지 확신을 가지고 있는 사람들은 많지 않은 것 같습니다.

　바른 진리에 대한 확신이 우리로 하여금 그러한 삶을 살 수 있도록 만들어주는 열쇠이므로, 우리는 자신이 믿고 있는 복음에 대한 바른 내용들을 분명히 알고, 확신을 가지고 그것을 선언해야 합니다. 하나님께서 우리에게 예비해 주신 놀라운 삶은, 말씀 안에서와 영적인 영역 안에서 그것을 보고 확신 있게 인식하는 것만큼만 믿음을 통해 현재 삶에 실제로 나타나게 되기 때문입니다.

　몇 년 전 처음으로 남아공에 방문했을 때, 지금 저희의 멘토이신 크리스 오야킬로메Chris Oyakilome 목사님의 사역 현장에서 크라이스트

엠버시Christ Embassy 교회 성도들이 활기차고 담대하게 말씀에 반응하며 펄펄 뛰는 모습은 저에게 충격으로 다가왔습니다. '무엇이 저들을 저렇게 복음 전파에 열정적이도록 만들었을까?', '무엇이 저들을 삶에서 승리의 확신으로 충만하게 만들었는가?'

그 해답은 바로 단순하고 분명한 진리를 각자의 삶 안에서 확신 있게 인식하고 적용함으로써 그 진리들이 실재가 되어 나타나는 삶을 살고 있었기 때문입니다.

이 책에 실린 내용들은 크리스 목사님으로부터 배운 성경의 진리들을 제가 습득하고 또 우리 성도들에게 가르친 내용들입니다. 이 책을 읽으시는 하나님의 자녀들이 제가 거쳐 온 비효율적인 열심보다는 단순하고 명백한 진리를 삶에 적용하며 말씀이 실재가 되는 삶을 살게 되시기를 기원합니다.

우리 안에 계신 성령님은 우리가 새롭게 발전하기로 결단하기만 하면 놀라운 능력으로 역사하시는 분이십니다. 읽으시는 분들께 이 책이 오병이어와 같이 사용되는 하나님의 도구가 되면 좋겠습니다.

하나님의 말씀과 성령님의 사역이 이 책을 읽으시는 동안, 또한 읽은 후에도 지속되어 여러분께서 하나님의 거대한 군대의 일원이 되시는 것을 믿음의 눈으로 바라봅니다. 예수님의 이름으로 축복합니다. 할렐루야! 세상이 감당할 수 없는 하나님의 거대한 군대의 행진을 바라보며…….

2011. 10. 18

최순애

| 목차 |

서문 _ 2

들어가는 말 복음의 신조란? _ 7

제1장 영생은 나의 것입니다 _ 15

제2장 의는 나의 것입니다 _ 33

제3장 죄 제거는 나의 것입니다 _ 61

제4장 구원은 나의 것입니다 _ 73

제5장 　치유와 건강은 나의 것입니다 _ 91

제6장 　화평은 나의 것입니다 _ 113

제7장 　형통은 나의 것입니다 _ 123

제8장 　나는 시온의 백성입니다 _ 153

부록 　고백 기도문 _ 192
　　　 나는 그리스도 안에 있는 내가 누구인지 압니다!
　　　 나는 상황을 바꾸는 자입니다!

들어가는 말

복음의 신조란?

　그리스도인으로서 신앙생활을 하다 보면 많은 말씀과 가르침을 접하게 됩니다. 그러나 그 중에는 성경에서 말하는 바와 일치하지 않는 것도 있고, 교회 안에서 답습해 온 전통에 지나지 않는 것도 있습니다. 또는 그 근원을 따져보지 않고 단지 눈에 보이는 현상이나 경험만을 근거로 하여 진리로 받아들이는 것도 있습니다.
　그러나 우리는 이런 것들이 아니라 오직 하나님의 말씀을 믿음의 근거로 삼아야 합니다. 나아가 성경 말씀이라 하더라도 새 언약에 속한 새로운 피조물의 관점에서 해석하고 이해해야 합니다. 하나님은 변함이 없으시지만, 예수님의 속량 사역으로 말미암아 하나님 앞에서 우리의 지위는 구약 시대의 이스라엘 백성과 달라졌기 때문입니다. 그들은 율법에 속한 죄인이었지만, 이제 우리는 하나님의 자녀이며 그리스도 안에서 의인이 되었습니다.

그렇다면 우리는 그리스도인으로서 무엇을 믿어야 할까요? 우리가 믿고 전해야 할 복음의 내용은 무엇일까요? 이것이 바로 이 책 『복음의 신조』에서 다루고자 하는 내용입니다.

복음의 신조

"복음의 신조Tenets of Gospel"라는 말에서 신조라고 해석된 영어 단어는 실제로 "교리"라는 말로 더 자주 사용됩니다. 교리tenet가 무엇입니까? 교리란 '참이라고 믿게 하는 가르침이나 원리', 또는 '신념이나 사고의 중요한 부분을 형성하는 가르침이나 원리' 입니다. 결국 복음의 신조, 즉 복음의 교리란 우리가 복음의 가장 기본적인 가르침이나 원리로서 믿는 것이라 하겠습니다.

눅 1:1-4 (한글킹제임스)
우리 가운데서 가장 확실히 믿게 되었던 일들의 실상에 관하여 정연하게 기록하려고 손을 댄 사람이 많았으니, 처음부터 말씀의 목격자들과 사역자들이었던 사람들이 우리에게 전해 준 것처럼 시초부터 모든 일을 정확하게 알고 있는 나도 데오빌로 각하에게 정연하게 써 보내는 것이 좋을 것 같았노라. 이는 각하가 배우신 것들이 확실함을 알게 하려 함이라.

위의 구절에서 누가는 데오빌로에게 누가복음을 쓴 목적을 밝히고 있습니다. 자신이 확실히 믿게 된 일들을 각하도 이미 배운 줄은 알지만, 그것이 참으로 확실함을 알게 하려고 정리하여 이 글을 쓴다는 것입니다. 즉 자신이 가진 확신을 상대방에게도 동일하게 심어 주려는 것입니다. 우리가 어떤 지식이나 정보나 계시를 갖고 있다 하더라도, 중요한 것은 그에 대한 확고함입니다. 확고함의 정도에 따라 각자의 삶에서 그것을 실제로 경험하는 수준은 달라질 것입니다. 특별히 우리는 다른 어떤 정보나 지식보다도 이 복음의 교리들을 확실하게 알고 믿어야 합니다.

그렇다면 복음Gospel은 무엇입니까? 복음은 "듣는 사람의 심령을 기쁨으로 뛰게 만드는 기쁜 소식glad tidings, 또는 좋은 소식good news"입니다. 예를 들어 "예수 안 믿으면 저주 받고 지옥에 갑니다."라는 식으로 상대를 강압하고 부담을 준다면 이는 기쁜 소식이라 보기 어려울 것입니다. 또한 정말 좋은 것이지만 상당한 노력이나 대가를 치러야만 얻을 수 있는 것이라면, 그 또한 온전한 기쁜 소식이라고 할 수 없습니다. 고3 수험생들이 원하는 대학에 합격했다는 소식을 듣고 난 후, 그 기쁨으로 부둥켜안고 펄쩍펄쩍 뛰는 모습을 보신 적이 있을 것입니다. 복음은 그처럼 듣는 사람의 심령을 기쁨으로 가득 채워 펄쩍펄쩍 뛰게 만드는 소식입니다.

그렇다면 어떤 내용의 복음이 우리의 영을 기뻐 뛰게 만들어 줄까요? 예수 그리스도의 복음에는 "하나님께서 인간을 위해, 예수 그리스도 안에서, 예수 그리스도를 통하여, 예수 그리스도에

의하여 이루신 일에 관한 전체적인 메시지"가 반드시 담겨 있어야 합니다.

롬 1:16
내가 복음을 부끄러워하지 아니하노니 이 복음은 모든 믿는 자에게 구원을 주시는 하나님의 능력이 됨이라

복음은 모든 믿는 자를 구원에 이르게 하는 메시지입니다. 여기에서 구원이란 단지 영혼의 구원뿐만 아니라, 인간이 가진 모든 문제로부터의 총체적인 구원을 말합니다. 불신자가 이 복음을 듣고 받아들이면, 그의 영혼이 구원받아 천국에 가는 것은 물론 이 땅에 사는 동안 직면하는 모든 문제에 대한 완벽한 해답을 얻게 됩니다. 그렇기 때문에 우리가 전하는 복음이 진짜 기쁜 소식인 것입니다.

"너희가 내 말에 거하면 참으로 내 제자가 되고 진리를 알지니 진리가 너희를 자유롭게 하리라"(요 8:31-32) 진리는 우리를 자유롭게 합니다. 다시 말해, 하나님께서 우리를 위해서 예수 그리스도를 통해 하신 모든 일에 관한 진리로 인하여 우리는 참된 자유를 얻게 됩니다. 이 복음은 우리로 하여금 모든 어두움과 속박으로부터 자유롭게 하고, 나아가 인생의 범위를 규정하는 모든 종류의 한계로부터 자유롭게 함으로써 우리를 더 높은 차원의 삶으로 인도합니다. 그리스도의 온전한 복음이 계시될 때, 우리는

이전에는 상상조차 할 수 없었던 진전과 상승을 끊임없이 경험하게 됩니다.

하나님의 큰 그림

하나님은 처음부터 인간이 정복하고 다스리는 삶을 살도록 계획하셨습니다. 우주 만물을 완벽하게 창조하시고 마지막 날에 인간을 만드신 후에, 하나님께서는 그들에게 복을 주시며 "생육하고 번성하여 땅에 충만하라 땅을 정복하라 바다의 물고기와 하늘의 새와 땅에 움직이는 모든 생물을 다스리라"라고 말씀하셨습니다(창 1:28). 하나님은 자신의 형상을 따라 인간을 만드시고 그들에게 우주 만물을 다스리는 모든 권세를 주셨습니다.

그러나 아시다시피 아담이 사탄의 속임수에 넘어가 범죄함으로 말미암아, 그 모든 권세를 넘겨주고 말았습니다. 그럼에도 불구하고 하나님의 뜻은 변하지 않습니다. 그분은 변함도 없으시고 회전하는 그림자도 없으신 분이기 때문입니다(약 1:17). 하나님께서는 여전히 우리 인간이 이 땅을 정복하고 다스리기 원하셨습니다.

그리하여 아담의 대반역이 일어남과 동시에 인류를 향한 하나님의 구원 계획도 시작되었습니다. "여자의 후손은 네 머리를 상하게 할 것이요 너는 그의 발꿈치를 상하게 할 것이니라"(창 3:15) 하나님의 이 예언적 선언이 있던 후부터, 구약의 모든 역사는 장차 하나님께서 메시야를 통해 이루실 속량 사역을 향해 달려 갑니다.

그리고 마침내 예수께서 이 땅에 오셨습니다. 그분은 공생애 동안 하나님의 뜻과 성품을 몸소 나타내신 후, 십자가에서 죽으시고 장사되시고 부활하심으로 말미암아 인류를 위한 속량 사역을 완수하시고 아담이 마귀에게 빼앗겼던 모든 권세를 되찾아 오셨습니다. 하나님의 계획은 단지 인간의 죄 문제를 해결하고 용서하시는 수준이 아니라, 태초에 인류에게 주셨던 "정복하고 다스리라"라는 명령을 능히 완수할 수 있도록 우리에게 완전한 회복과 완벽한 새 생명을 주시는 것이었습니다.

하나님의 회복은 결코 이전보다 못하지 않고, 항상 더 나은 것입니다. 거듭나서 새로운 피조물이 된 우리는 아담이 가졌던 것보다 더 좋은 생명을 받았습니다. 그리고 우리는 그 생명을 가지고 정복하고 다스리며 이 땅에 하나님의 복음을 전파하고 그분의 왕국kingdom;나라을 확장하는 사명을 받았습니다.

결론적으로 복음의 신조는 새 언약의 교리로부터 온 중요한 요소들로서, 복음의 핵심이라고 할 수 있습니다. 이는 약속이 아니라 실재에 대한 진술입니다. 약속은 앞으로 할 일, 장차 일어날 일에 대한 것입니다. 즉 미래의 어느 때에 어디에서 누구와 만나자고 정하면, 우리는 그것을 두고 '약속했다'라고 말합니다. 그러나 그리스도 안에 있는 약속은 이미 이루어진 것입니다. 하나님께서는 이미 그 약속에 대해 하셔야 할 모든 일을 하셨고, 우리는 다만 그것을 알고 내 것으로 취하기만 하면 됩니다. 그러므로 우리가 믿는 복음의 신조는 앞으로 이루어질 약속이 아닌, 하나님께서 그리스도 안에서 우리를 위하여 이미 이루어 놓으신 것들에 대한 선포라고 할 수 있습니다.

앞으로의 장에서는 이러한 복음의 신조의 구체적인 내용에 대해 살펴보도록 하겠습니다.

제1장

영생은 나의 것입니다

첫 번째 복음의 신조는 다음과 같습니다. "영생은 나의 것입니다." 영생Eternal Life이란 말 그대로 '영원한 생명'이라는 뜻입니다. 그래서 많은 그리스도인들이 '영생을 얻었다'라는 말을 시간적인 의미에 중점을 두어, 이 땅에서 끝나는 생명이 아니라 죽은 후에도 천국에 가서 영원히 사는 생명을 얻은 것이라고 이해합니다. 물론 틀린 말은 아닙니다. 그러나 우리가 가진 영원한 생명은 그 이상입니다.

우리는 하나님의 생명을 가졌다

성경에서 영생이라고 번역된 단어의 헬라어 원어는 "조에zoe"로서, 이는 하나님과 같은 종류의 생명God-kind of life이라는 뜻입니다. 고양이를 고양이답게 하는 생명이 있고 강아지를 강아지답게 하는 생명이 있습니다. 이처럼 각자 지닌 생명의 특징에 따라 정체성이 결정되는 것입니다. 우리가 받은 조에 생명은 하나님을 하나님답게 하는 생명입니다. 그리스도를 영접하는 순간, 우리를 지배하던 죄의 생명은 끊어지고 우리는 하나님과 같은 생명으로 거듭나서 완전히 새로운 존재가 됩니다. 그리스도인이 가진 이 영생, 즉 하나님의 생명은 우리로 하여금 하나님의 신성한 본성에 참여하는 자가 되게 합니다.

아담이 타락한 후 예수님께서 오시기 전까지는 이 땅에 이러한 생명을 가진 사람이 아무도 없었습니다. 구약에 속한 모든 사람은 죄의 본성을 가지고 어둠 가운데 태어난 자들이었습니다.

생명의 근원은 남자에게서 오며, 그 생명을 잉태하여 몸을 주는 것은 여자의 몫입니다. 그래서 모든 인간은 남자에게서 죄의 본성을 받고, 여자의 몸에 잉태되어 이 땅에 태어나게 됩니다. 예수님께서는 마리아의 몸을 통해 육신을 입고 이 땅에 태어나신 '사람'이셨습니다. 그러나 예수님을 잉태시킨 생명은 남자로부터 온 것이 아니라 성령, 즉 하나님으로부터 온 생명이었습니다. 그러므로 그분은 다른 사람처럼 죄인의 본성을 가진 것이 아니라 하나님의 생명을 가진 '하나님'이셨습니다. 그래서 그분을 일컬어 완전한 인성과 완전한 신성을 가지신 분이라고 합니다.

요 1:1-5, 9-14
태초에 말씀이 계시니라 이 말씀이 하나님과 함께 계셨으니

이 말씀은 곧 하나님이시니라 그가 태초에 하나님과 함께
계셨고 만물이 그로 말미암아 지은 바 되었으니 지은 것이
하나도 그가 없이는 된 것이 없느니라 그 안에 생명이 있었
으니 이 생명은 사람들의 빛이라 빛이 어둠에 비치되 어둠이
깨닫지 못하더라 …
참 빛 곧 세상에 와서 각 사람에게 비추는 빛이 있었나니 그
가 세상에 계셨으며 세상은 그로 말미암아 지은 바 되었으되
세상이 그를 알지 못하였고 자기 땅에 오매 자기 백성이 영접
하지 아니하였으나 영접하는 자 곧 그 이름을 믿는 자들에게
는 하나님의 자녀가 되는 권세를 주셨으니 이는 혈통으로나
육정으로나 사람의 뜻으로 나지 아니하고 오직 하나님께로
부터 난 자들이니라 말씀이 육신이 되어 우리 가운데 거하
시매 우리가 그의 영광을 보니 아버지의 독생자의 영광이요
은혜와 진리가 충만하더라

예수님은 참 빛으로 이 땅에 오셨습니다. 사실 예수라는 이름
은 이 땅에 와서 얻으신 것이며, 성부 하나님과 성령님과 함께
하늘에 계셨을 때 그분의 이름은 예수가 아니었습니다. 그분은
말씀이셨고, 그 말씀으로 말미암아 모든 것이 창조되었습니다.
그런데 세상의 주인이라 할 수 있는 분께서 그를 알아보지 못하
는 세상 가운데 육신이 되어 오셨습니다.
"그는 근본 하나님의 본체시나 하나님과 동등됨을 취할 것으로

여기지 아니하시고 오히려 자기를 비워 종의 형체를 가지사 사람들과 같이 되셨고 사람의 모양으로 나타나사 자기를 낮추시고 죽기까지 복종하셨으니 곧 십자가에 죽으심이라"(빌 2:6-8) 그분은 죄성은 없으셨지만 이 땅에서 한 인간으로서 우리와 똑같은 연약함을 가지고 사셨습니다. 실제로 성령을 받으시기 전에는 예수님께서 기적을 행하신 기록이 없고, 침례 요한으로부터 침례를 받고 성령으로 충만해지신 후부터 성령의 능력을 힘입어 하나님의 능력으로 기능하기 시작하신 것을 볼 수 있습니다. 그래서 예수님께서는 스스로를 인자, 즉 사람의 아들the Son of man이라고 부르셨습니다. 즉 우리 인간들이 하나님의 생명으로 거듭나서 성령의 능력으로 힘입을 때의 삶을 몸소 보여주셨던 것입니다. 그런 후에 그분은 십자가에서 죽으시고 부활하심으로 말미암아 누구든지 그리스도를 영접하면 하나님의 생명을 받고 새로운 피조물로 거듭날 수 있는 길을 여셨습니다.

사람들이 애완견을 자식처럼 예뻐해서 "우리 아가, 엄마가 밥 줄게."라는 식으로 말하는 경우가 있습니다. 그러나 그렇다고 그 강아지와 주인이 정말로 친부모와 자식의 관계인 것은 아닙니다. 본질적으로 지닌 생명이 다르기 때문입니다. 그러나 우리는 실제적으로 하나님의 자녀가 되었습니다. 우리가 그분을 아버지라고 부르는 것은 단지 그렇게 부를 수 있도록 허락되었기 때문이 아닙니다. 거듭났다는 것은 하나님께서 실제로 우리를 말씀과 성령으로 낳으셨다는 의미입니다. 우리는 그분과 똑같은 종류의 생명인

조에 생명을 받고 태생적으로 그분의 자녀가 되었습니다. 그리고 이 모든 것은 예수님께서 이 땅에 그 생명을 처음으로 가져 오셨기 때문에 가능한 일이었습니다.

롬 4:25
예수는 우리가 범죄한 것 때문에 내줌이 되고 또한 우리를
의롭다 하시기 위하여 살아나셨느니라

이 구절은 우리가 정확히 이해해야 할 매우 중요한 구절입니다. 이 구절에는 두 가지 사건이 나타나있습니다. 많은 그리스도인들이 "나는 이제 하나님의 자녀이고 의인입니다."라고 말하면서도, 그 의미를 '예수님을 영접함으로 말미암아 예수님께서 내가 받을 죗값을 대신 받으시고 내 죄가 용서되었다'는 정도로 이해하곤 합니다. 틀린 말은 아니지만, 성경에서는 그 정도로 이야기하지 않습니다. 성경은 과거의 나는 십자가에서 예수님과 함께 '죽었고', 예수님께서 부활하실 때 거듭난 내가 새로 함께 '일어났다'고 여러 곳에서 말하고 있습니다. 이 구절도 마찬가지입니다.

우선, 예수께서는 우리의 범죄로 인해 내어준 바 되셨습니다. 우리를 대신하여 죄 문제를 해결하신 것입니다. 그러나 하나님의 계획은 여기에서 끝나지 않습니다.

하나님께서는 죄인에게 그분의 생명을 주실 수 없습니다. 거룩

한 영이신 성령님도 죄인에게는 들어가실 수 없습니다. 그러므로 하나님께서는 우리를 의인으로 만드셔야 했습니다. 죄 문제를 해결하실 뿐 아니라, 더불어 우리를 의롭게 하시는 과정이 필요했습니다. 하나님의 계획이 완성되기 위해서는 반드시 이 두 가지 사건이 함께 일어나야 했습니다.

그러므로 이 성경 구절에 대하여 확실하게 이해한다면, 우리가 하나님 앞에서 의인이라는 사실에 대해 결코 흔들리지 않을 것입니다.('의'에 대해서는 다음 장 "의는 나의 것입니다"에서 더 자세히 다룰 것입니다.)

예수님은 왜 이 땅에 오셨는가?

예수님께서 이 땅에 오신 목적은 무엇일까요? "우리를 죄로부터 구원하시기 위해서"라는 대답은 온전하지 않습니다. 이 말도 물론 사실이지만, 이는 최종 목적이 아니라 과정에 불과합니다. 우리가 과거 오랜 시간 동안 이러한 계시 가운데 살았다 하더라도, 이제는 완전한 계시로 올라가야 하겠습니다.

> 요 10:10
> 도둑이 오는 것은 도둑질하고 죽이고 멸망시키려는 것뿐이요 내가 온 것은 양으로 생명을 얻게 하고 더 풍성히 얻게 하려는 것이라

위의 구절에서 예수님께서는 자신이 이 땅에 오신 목적을 직접 언급하셨습니다. "내가 온 것은 양으로 생명을 얻게 하고 더 풍성히 얻게 하려는 것이라." 여기에서 말하는 생명이 바로 하나님과 같은 종류의 생명, 조에 생명입니다. 예수님께서는 그 생명을 주시되 풍성히 얻게 하려고 오셨다고 말씀하십니다.

이는 우리가 일반적으로 생각하는 '풍성함'의 개념을 능가하는 것입니다. 여기에서 풍성하다는 것은 최대치 to the full, 최대용량 maximum capacity 을 뜻합니다. 죄의 본성을 가진 사람은 결코 살 수 없는, 영생을 가진 자만이 누릴 수 있는 정복하고 다스리는 삶, 한계가 없이 최대 용량을 발휘하는 그런 삶을 우리가 살게 하시려고 예수님께서 오신 것입니다. 구약의 성도들은 아무리 하나님 앞에 인정받은 자라 하더라도 죄의 본성을 가졌기 때문에, 조에 생명으로 사는 능력과 풍성함을 누릴 수 없었습니다. 그러나 우리는 예수님께서 오셔서 죄의 문제를 해결하시고 우리에게 영생을 주심으로 말미암아 새로운 피조물로 거듭나게 되었습니다.

요일 5:11-13

또 증거는 이것이니 하나님이 우리에게 영생을 주신 것과 이 생명이 그의 아들 안에 있는 그것이니라 아들이 있는 자에게는 생명이 있고 하나님의 아들이 없는 자에게는 생명이 없느니라 내가 하나님의 아들의 이름을 믿는 너희에게 이것을 쓰는 것은 너희로 하여금 너희에게 영생이 있음을 알게 하려 함이라 여기에서 "너희에게 영생이 있음을 알게 하려 함"이라는 것은 단지 그러한 정보를 주겠다는 정도의 의미가 아닙니다. 사도 요한은 오랜 시간 예수님을 믿고 성숙하여 계시와 사랑이 충만했던 사람입니다. 그도 순교를 할 상황이 있었지만, 너무나 풍성한 생명 가운데 사는 사람이었기 때문에 사람들이 그를 죽일 수 없었다는 기록이 있을 정도입니다. 따라서 사도 요한은 위 구절을 '너희가 거듭났다면 너희 안에 영생이 있다는 것을 알아야 한다'는 정도가 아니라, "너희는 너희가 가진 그 영생이 어떤 생명인지, 얼마나 대단한 생명인지를 알아야 한다."라는 의미로 말한 것입니다.

이는 다른 성경 구절을 읽을 때도 마찬가지입니다. 예를 들어 사도 바울이 쓴 서신서들을 보면 그가 처했던 곤경들이 나열되는 것을 볼 수 있습니다. 사실 사도 바울이 그것들을 쓴 목적은 자신의 힘든 상황을 내세우고 토로하기 위함이 아니라, "어떠한 상황도 나에게 문제가 되지 않는다!"라고 말하기 위함이었습니다. 그러나 우리는 각자의 얕은 계시를 통해 그 구절을 받아들여서 '사도 바울은 정말 고생하면서 사역했구나. 역시 하나님의 종의 삶은 평탄하지 않구나.'라고 이해하곤 합니다. 그러므로 성경을 볼 때는 혼이 아니라 영으로 접근하고, 기록한 사람의 계시와 감동으로 돌아가 해석해야 합니다. 그렇게 해야 성경 말씀이 정확하게 조명될 것입니다.

위의 요한일서 말씀에서 사도 요한은 우리가 가진 영생이 어떠한 것인지를 말하고자 합니다. 요한일서 전반에 흐르는 메시지를 보면, 그는 우리가 가진 영생이 그것을 가진 자로 하여금 죄를 지을 수 없게 하고, 어떤 사람도 사랑할 수 있게 하며, 모든 상황에서 승리할 수밖에 없게 만드는 생명임을 말하고자 했습니다.

우리가 받은 생명은 하나님께서 친히 가지고 계신 그 생명입니다. 이 생명은 어떠한 질병도 죽음도 능가하는 생명입니다. 멜리데 섬에서 독사에게 물렸을 때에도 사도 바울은 아무런 해를 받지 않았습니다. 사람들은 그가 당연히 쓰러져 죽거나 하다못해 손이 붓기라도 할 것이라 예상했는데 아무 변화가 없자 놀라서 그를 신으로 여겼습니다. 우리도 모두 그러한 신적인 생명을 가지고 있습니다. 문제는 그것을 얼마나 믿고 인식하느냐하는 것입니다.

법적으로는 이미 모든 것이 이루어졌습니다. 그리스도 안에서 우리의 지위는 법적으로 보장되었습니다. 그러나 그것을 실제로 나타나게 하는 것은 우리의 몫입니다. 우리가 우리 안에 어떤 생명이 있는지 알고 믿을 때, 비로소 질병과 죽음을 이기는 일이 현실로 나타납니다.

> 벧후 1:1-4
> 예수 그리스도의 종이며 사도인 시몬 베드로는 우리 하나님과 구주 예수 그리스도의 의를 힘입어 동일하게 보배로운 믿음을 우리와 함께 받은 자들에게 편지하노니 하나님과 우리 주 예수를 앎으로 은혜와 평강이 너희에게 더욱 많을지어다 그의 신기한 능력divine power으로 생명과 경건에 속한 모든 것을 우리에게 주셨으니 이는 자기의 영광과 덕virtue으로써

우리를 부르신 이를 앎으로 말미암음이라 이로써 그 보배
롭고 지극히 큰 약속을 우리에게 주사 이 약속으로 말미암아
너희가 정욕 때문에 세상에서 썩어질 것을 피하여 신성한
성품divine nature에 참여하는 자가 되게 하려 하셨느니라

사실 우리는 그리스도 안에서 은혜와 평강을 이미 다 받았습니다.
그러나 그것이 실질적으로 삶 가운데 증가되는 것은 '하나님과 주
예수를 앎으로' (2절), 다시 말해 하나님과 예수 그리스도를 통해
나에게 주어진 것들을 아는 지식을 발전시킴으로써 가능한 일입
니다.

또한 하나님께서는 신기한 능력, 즉 하나님의 능력으로 우리에
게 조에 생명과 경건에 속한 모든 것들을 이미 주셨습니다(3절).
그런데 그것이 실재가 되는 것은 우리를 부르신 하나님을 아는
지식으로 말미암습니다. 그것을 알 때 우리의 삶은 하나님의 영광
과 덕, 즉 그분의 임재와 능력이 나타나는 상태에 이르게 되는 것
입니다.(성경에서 '덕'이라고 번역된 단어는 사실 "탁월함"으로
이해하는 것이 문맥을 이해하는 데 도움이 될 것 같습니다.)

하나님께서 이 모든 것을 주신 목적은 우리로 하여금 하나님의
본성에 동참하는 자가 되게 하려는 것이었습니다(4절). 이 본성에
동참하지 못한 자, 이 생명이 없는 자들은 세상에 있는 타락 가운
데 살아갈 수밖에 없습니다. 그러나 우리는 이미 생명과 경건에
속한 모든 것을 받았습니다.

과거의 계시는 예수님께서 십자가에서 우리의 죄 문제를 해결하신 것에 집중되어 있었습니다. 즉, 우리 자신을 마이너스에서 제로로 회복된 상태로 인식한 것입니다. 그러나 하나님의 계획은 그 이상입니다. 이제 우리에게 펼쳐진 새로운 피조물의 계시는 우리가 단지 마이너스에서 제로 상태가 된 것을 넘어, 플러스 상태로 옮겨졌다고 말합니다. 다시 말해, 죄 문제를 해결한 것은 물론이고 하나님과 같은 종류의 생명을 받아 그 생명으로 기능하며 자연적인 세계를 초월하는 삶을 살 수 있게 된 것입니다.

로마서 8장에서 이야기하듯이 우리는 죄와 사망의 법에서 해방되어 생명의 성령의 법에 속하게 되었습니다. 이 세상은 3차원의 법칙인 '죄와 사망의 법'의 지배를 받고 있습니다. 그러나 우리는 4차원의 영적 세계의 법칙인 '생명의 성령의 법'의 지배를 받습니다. 이는 세상의 법보다 우위에 있는 법입니다.

그런데 우리는 영적으로는 하나님 왕국에 속한 자이지만 육신으로는 이 땅에 살고 있습니다. 그러므로 어떤 법칙이 나를 지배하게 할 것인지 스스로 선택해야 합니다. "육신을 따르는 자는 육신의 일을 영을 따르는 자는 영의 일을 생각하나니"(롬 8:5) 아무리 그리스도인이라 할지라도 자연적인 현상과 육신의 오감을 따라 살기를 선택한다면, 경기가 안 좋으면 어렵고 독감철이 되면 감기에 걸리는 등 여느 세상 사람들과 다름없이 환경의 영향을 고스란히 받으며 살아가게 될 것입니다.

그러나 우리는 다른 삶을 선택할 수 있습니다. 더 높은 곳으로 눈을 돌리면 거기에는 세상의 법칙을 뛰어 넘는 하나님 왕국의 법칙이 있습니다. 그러한 생명의 성령의 법, 믿음의 법, 말씀의 법을 따라 기능하기로 결단할 때, 자연적인 영역의 법칙들은 삼켜지고 세상의 시각으로는 초자연적인 기적이라고밖에 할 수 없는 일들이 우리 삶에 일상적으로 나타나게 될 것입니다.

이 계시를 모르는 영적 어린 아이들은 하나님께 간구할 때도 육신의 영역에서 기도하고, 그 와중에서도 하나님의 사랑과 은혜로 말미암아 때로는 응답을 받습니다. 그러나 이것이 온전한 영적 원리는 아닙니다. 하나님께서는 우리가 새로운 피조물로서 더 성숙한 위치에 서서 믿음으로 취하고 승리하는 삶을 살기 원하십니다. 그리고 이러한 일들은 우리가 생명의 성령의 법을 따라 살기로 결단할 때 가능한 것입니다.

죽어서 하늘로 올라가야만 하나님 왕국의 법칙으로 기능할 수 있는 것이 아닙니다. 우리는 이미 하나님의 왕국에 속한 자입니다. 사실 한글 성경에서 '천국'으로 번역된 단어를 영어 성경으로 보면, 우리가 죽은 후에 가게 되는 '하늘나라heaven' 만을 가리키는 경우는 많지 않고 대부분 하나님의 다스림과 통치가 임한 모든 곳을 지칭하는 '하나님의 왕국kingdom of heaven, kingdom of God'으로 표현됩니다. 그러나 많은 그리스도인들이 지금까지 천국에 대한 성경 구절을 보면서 죽어서 가는 하늘나라만을 생각했기 때문에, '이 세상에서 가난하고 아프고 고생하며 살더라도 천국 소망을 품고 인내하고 감사하자'라는 식의 내세지향적인 신앙생활을 할 수밖에 없었습니다. 우리가 주로 불렀던 찬송가 가사만 보더라도 그런 메시지를 담고 있는 경우가 많습니다.

그러나 마지막 때에 하나님께서는 교회를 향해 온전한 계시를 열어 주고 계십니다. 이제 우리는 죽은 후에 하늘나라에 가서야 영생을 누리기 시작하는 것이 아니라, 거듭난 그 순간, 바로 지금 이 땅에서부터 하나님과 같은 생명을 가지고 하나님 왕국의 원리 가운데 기능할 수 있다는 것을 알게 되었습니다. 우리의 영생은 이미 시작되었습니다. 우리는 이미 그 영생 안에 살고 있습니다. 하늘나라에 간다고 하여 우리의 삶의 방식이 완전히 바뀌는 것이 아닙니다. 이 땅에서 살던 새로운 피조물의 생활 방식과 왕국의 원리 그대로, 다만 육체만 벗고 사는 집을 옮기는 것뿐입니다. 그러므로 우리는 지금 이곳에서 스스로를 "신성한 성품에 참여한 자"로 인식하고 그에 합당한 사고방식과 생활방식을 훈련해야 합니다.

예수님은 영생을 주려고 오셨다

> 요 3:15-16
> 이는 그를 믿는 자마다 영생을 얻게 하려 하심이니라 하나님이 세상을 이처럼 사랑하사 독생자를 주셨으니 이는 그를 믿는 자마다 멸망하지 않고 영생을 얻게 하려 하심이라

그리스도인이라면 누구나 너무나 잘 아는 구절입니다. 영생을

얻지 못한 자는 궁극적으로 멸망할 수밖에 없습니다. 그래서 하나님께서는 자신의 아들 독생자를 보내셔서 그를 믿는 자마다 영생을 얻을 수 있게 하셨습니다. 이것이 예수님께서 오신 궁극적인 목적입니다. 다시 말씀드리지만, 예수님께서는 우리에게 영생을 주셔서, 우리로 하여금 정복하고 다스리는 삶을 살게 하시려고 이 땅에 오신 것입니다.

요 3:36
아들을 믿는 자에게는 영생이 있고 아들에게 순종하지 아니하는 자는 영생을 보지 못하고 도리어 하나님의 진노가 그 위에 머물러 있느니라

요 10:28
내(예수님)가 그들에게 영생을 주노니 영원히 멸망하지 아니할 것이요 또 그들을 내 손에서 빼앗을 자가 없느니라

예수님을 믿는 자에게는 영생이 있고, 또 예수님은 그의 양에게 영생을 주신다고 거듭 말씀하고 있습니다. 이 영생은 누구도 마음대로 훼손할 수 없는 생명입니다. 예수님도 이 영생을 가지고 계셨기 때문에, 그분 스스로 생명을 내려놓으시기 전까지는 아무도 그분을 죽일 수 없었습니다. 실제로 복음서에서 화가 난 유대인들이 예수님을 낭떠러지에서 밀어 죽이려고 했지만, 예수

께서는 그들 사이를 가로질러 나가셨던 장면을 볼 수 있습니다 (눅 4:28-30). "나는 양을 위하여 목숨을 버리노라 … 이를 내게서 빼앗는 자가 있는 것이 아니라 내가 스스로 버리노라 나는 버릴 권세도 있고 다시 얻을 권세도 있으니"(요 10:15, 18) 이스라엘 백성들이 못 박으라고 하여 본디오 빌라도가 그렇게 판결해서, 또는 로마 군병들이 매달아 죽여서 어쩔 수 없는 상황 때문에 예수님께서 돌아가신 것이 아닙니다. 그분 스스로 하나님의 계획을 따라 자신을 내려놓으신 것입니다. 우리의 생명도 우리가 스스로 내려놓지 않는 한, 어떤 사람이나 질병이나 어둠도 그것을 상하게 하거나 빼앗을 수 없음을 믿으시기 바랍니다.

요 17:2
아버지께서 아들에게 주신 모든 사람에게 영생을 주게 하시려고 만민을 다스리는 권세를 아들에게 주셨음이로소이다

예수님께서 잡혀가시기 전에 마지막으로 드렸던 기도입니다. 여기에서도 예수님께서는 '아버지께서 아들에게 권세를 주신 것은 모든 사람에게 영생을 주게 하시려고' 라고 말씀하십니다.
그러나 아직도 많은 그리스도인들이 이 계시에 이르지 못하고 있는 것 같습니다. 몇 년 전에 한 선교지의 목회자 훈련소에서 현지 목사님들을 모시고 말씀을 전할 기회가 있었습니다. 그분들께 이와 같이 영생에 대한 말씀을 나누고 마지막에 "예수님께서 이 땅에

오신 목적이 무엇입니까?"라고 물었더니, 또 다시 "우리의 죄를 사하시려고"라는 대답이 돌아왔습니다. 정답을 방금 전에 나누고 질문했음에도 불구하고 그런 대답이 나왔다는 것은, 그만큼 오랜 시간 동안 사상이 되다시피 그렇게 배워 오셨기 때문일 것입니다.

그래서 우리는 항상 새로운 계시를 향해 열린 심령을 유지하고 그것이 성경에 비추어 진리라고 판명되면, 그 진리로 마음을 새롭게 하는 작업을 해야 합니다. 오래된 고정관념이 단번에 뒤집어지지는 않습니다. 잘못된 옛 생각을 무너뜨리고 변화시키기 위해서는 하나님의 말씀으로 포격을 가해야 합니다. 그 포격이란 하나님의 말씀을 계속 고백하고 선포하는 것입니다. 마치 전쟁 때 모든 전력을 모아 적의 핵심 기지에 집중 포격을 가하듯이, 우리가 변화시켜야 할 잘못된 생각을 발견했다면, 그에 합당한 하나님의 말씀을 선포함으로써 집중 포격을 하는 것입니다.

예수님께서는 우리에게 영생을 주시려고 이 땅에 오셨습니다. 그 생명은 하나님과 같은 종류의 생명이요, 예수님과 같은 수준으로 살아가게 할 수 있는 생명입니다. 예수님께서 이 땅에서 행하신 많은 사역과 기적을 보고 "예수님은 하나님이시니까 그렇지." 또는 "예수님은 하나님의 아들이시니까 그랬던 거야."라고 치부해 버린다면, 이는 하나님께서 우리에게 주시려는 메시지와는 일치하지 않는 생각입니다. 성경은 예수님께서 본래 하나님의 본체이시지만, 하나님과 동등됨을 취하지 않고 스스로를 비워 종의 형체를 가지셔서 사람들과 같이 되셨다고 말씀합니다. 그분은 완전한 인간으로서 이 땅에 사시면서, 우리가 거듭나서 하나님의 생명을 받고 성령으로 충만해졌을 때 어떻게 기능하며 어떤 일을 할 수 있는지를 모델로 보여주셨던 것입니다. 예수님께서 그러하셨던 것처럼, 그 생명을 가진 우리도 믿음으로 선포함으로써 모든 것을 변화시킬 수 있고, 자연 법칙을 뛰어 넘는 초자연적인 역사를 경험하며 살아갈 수 있습니다.

앞서 말했듯이, 우리가 하나님을 "아버지"라고 부르는 것은 너무나 실제적이고 사실적인 의미를 가집니다. "너희가 거듭난 것은 썩어질 씨로 된 것이 아니요 썩지 아니할 씨로 된 것이니 살아 있고 항상 있는 하나님의 말씀으로 되었느니라"(벧전 1:23) 우리는 하나님의 말씀과 성령을 통하여 다시 태어난 새로운 피조물입니다. 예전의 나는 죽었습니다. 이제 우리 안에는 참으로 그분의 생명이 가득합니다.

예수님께서 이런 생명을 가지고 오신 분임에도 불구하고 당시 사람들은 그분을 알아보지 못했습니다. 오히려 하나님을 아버지라고 부른다고 신성모독이라 정죄하였고, 결국 예수님을 십자가에 못 박았습니다. 이는 구약 시대 성도들이 도저히 감당할 수 없는 계시였습니다. 하나님과 친족의 관계를 맺고 그분을 아버지라고 부른다는 것은 그들에게 도저히 상상할 수 없는 일이었습니다.

그러나 새 언약에 속한 우리는 하나님을 아버지라 부를 수 있을 뿐 아니라 실제적으로 그분의 자녀 된 생명으로 살아갈 수 있게 되었습니다. 영생은 나의 것입니다. 이 진리를 당신의 것으로 취하십시오. 하나님께서 법적으로 이미 이루신 일을 당신의 삶에 실재로서 불러내십시오. 하나님께서는 당신이 하나님과 같은 조에 생명 안에 풍성히 거함으로써 그분이 예비하신 최고의 삶, 정복하고 다스리며 왕국을 확장하는 삶을 살기를 누구보다 바라고 계십니다!

 **고백**

- 나는 영생을 가진 자입니다. 이 영생은 하나님 안에 있는 생명이며, 나로 하여금 하나님과 같이 기능하게 합니다.
- 예수님께서는 이 영생을 주시려고 이 땅에 오셨고, 내가 예수님을 영접할 때 이 생명이 내 안에 주어졌습니다.
- 이 영생을 가진 사람은 멸망할 수 없습니다.
- 이 영생은 세상을 이길 수밖에 없는 그리스도인의 본질입니다.
- 이 조에 생명은 내 영에 가득합니다. 이 조에 생명은 내 혼에 가득합니다. 이 조에 생명은 내 육체에 가득합니다.
- 이 조에 생명은 생명을 주는 영life-giving spirit입니다. 그러므로 어떤 질병이나 연약함도 내 몸에 머무를 수 없습니다.
- 내 마음에 들지 않는 환경을 만나면, 나는 믿음으로 선언함으로써 상황을 변화시킵니다. 하나님께서 '빛이 있으라'라고 말씀하시고 믿으실 때 빛이 창조되었던 것 같이, 내가 조에 생명 안에서 믿음으로 선언하면 상황은 변화될 수밖에 없습니다!

제2장

의는 나의 것입니다

두 번째 복음의 신조는 이것입니다. "의는 나의 것입니다."

의는 하나님의 성품입니다. 그분의 의는 완벽하시며, 그분의 일에는 어떤 불의나 잘못이 있을 수 없습니다. 그리스도인인 우리는 이것을 전적으로 신뢰해야 합니다. 성경에서 어떤 말씀을 보더라도, 삶에서 어떤 사건을 접하더라도 마찬가지입니다. '하나님께서 대체 왜 이러셨을까?' 하며 인간적인 생각으로 하나님의 의로우심을 의심하기 시작하면 결국 신앙생활의 한계에 봉착하게 됩니다.

예를 들어, 사울과 다윗의 이야기도 혼적으로 접근하면 그러한 의문을 가지기 쉽습니다. 사울은 한 번의 실수로 버림을 받았는데, 다윗은 더 심한 잘못을 여러 번 저질렀음에도 택함을 받았으니 말입니다. 마치 하나님은 본인 뜻대로 마음 가는 대로 결정하시고 행하시는 분인 것 같습니다. 그러나 하나님께서 하시는 일은 항상 옳습니다. 우리는 많은 경우 자연적인 영역에 나타나는 결과와 행동을 보고 판단하지만, 하나님께서는 중심을 보십니다. 그분은 눈에 보이는 행동 이면의 동기와 의도를 감찰하시는 분입니다. 눈으로 보기에는 같은 결과이지만, 하나님께서는 그것이 실수인지 아니면 그릇된 야망이나 하나님을 경히 여기는 태도에서 비롯된 것인지 정확히 아십니다.

하나님은 선하시며 의로우신 분입니다. 이 바탕을 견고히 하고 결코 흔들리지 마십시오. 사실 인간의 시각으로 하나님께서 하시는 일의 정당성을 판별하려는 것 자체가 잘못된 접근입니다. 세상의 초등 학문에 길들여진 이론과 생각으로는 결코 하나님의 뜻을 판단할 수도 이해할 수도 없기 때문입니다. 하나님의 의는 완벽하고 흠이 없으며, 그것을 가진 자는 결코 잘못된 생각이나 행동을 할 수 없습니다.

그리고 감사하게도, 하나님께서 거듭난 우리에게 그 의를 주셨습니다. 이제 우리는 하나님의 뜻을 온전히 이해할 수 있을 뿐 아니라 의롭게 행할 수 있는 능력을 가졌습니다. 이번 장에서는 하나님의 본성이자 그분께서 우리에게 주신 그 의에 대해 자세히 살펴보겠습니다.

의의 정의

우리는 "의롭다"라고 할 때 흔히 행동이 바른 것, 행실이 옳은 것을 떠올립니다. 그러나 성경에서 말하는 의는 이와는 다릅니다. 의는 행위가 아니라 본성입니다. 우선 의에 대한 정의를 먼저 살펴보면, 첫째, "하나님의 임재 앞에 어떠한 정죄감, 열등감, 두려움 없이 설 수 있는 권리 또는 능력" 둘째, "바르게 행동할 수 있는 능력, 하나님의 뜻을 선택할 수 있는 능력" 셋째, "무죄 선언"입니다.

우리가 의롭다 인정을 받는 것은 의로운 행동을 하기 때문이 아닙니다. 의는 거듭날 때 우리에게 주어지는 하나님의 본성입니다. "사람이 의롭게 되는 것은 율법의 행위로 말미암음이 아니요 오직 예수 그리스도를 믿음으로 말미암는 줄 알므로…"(갈 2:16) 많은 그리스도인들이 지금까지 이런 성경 구절을 무수히 접하면서도, 스스로 의인이라 인정하기에는 차마 해결되지 않는 마음의 충돌을 경험해왔습니다. "나는 그리스도 안에서 의인이다!"라고 담대하게 말하기에는, 오늘도 반복했던 잘못된 행동과 나쁜 생각들이 내가 의인이 되기에 얼마나 부족한 사람인지를 계속해서 확인시켜 주기 때문입니다.

그러나 우리의 행동이 잘못되었다고 해서 우리가 가진 본성 자체가 바뀌는 것은 아닙니다. 우리는 하나님의 생명과 본성을 가진 자요, 의인입니다. 의는 우리가 가진 조에 생명과 마찬가지로 본성적으로 주어지는 것입니다. 다만 그 본성을 풀어내고 얼마나 의인답게 사느냐하는 것은 우리에게 달려 있습니다.

우리가 가진 의는 "하나님의 임재 앞에 아무런 정죄감이나 열등감이나 두려움 없이 담대하게 설 수 있는 권리이자 능력"입니다. 그러므로 우리는 우리의 행위와 상관없이 언제나 담대하게 그분의 보좌 앞으로 나갈 수 있습니다. 또한 의의 본성을 가진 우리는 죄의 본성을 가진 사람들과는 달리 "하나님의 뜻을 따라 바르게 행동할 수 있는 능력"을 지니고 있습니다. 행위와 상관없이 하나님 앞에서 담대할 수 있는 자격을 얻었을 뿐 아니라, 실제로 의로운 행위를 할 수 있는 능력까지 부여받은 것입니다.

또한 의는 "무죄 선언"이라고 했습니다. 용의자가 법정에서 무죄 판결을 받았다면 그는 죄와 전혀 상관없는 사람이라고 공식적으로 선언된 것입니다. 이제 그는 판사든 경찰이든 피해자든 그 누구 앞에서나 담대하고 당당하게 설 수 있습니다. 우리가 의를 가졌고 의인이 되었다는 것도 마찬가지입니다. 이는 많은 사람들이 생각하듯이 '본래 죄인이었지만 예수님께서 값을 치르셨으므로 용서받고 의인으로 인정받았다'는 의미가 아닙니다. 만약 그렇다면 이것은 무죄가 아니라 유죄이되, 대신 누군가 값을 치른 것입니다. 그러나 우리가 가진 의는 무죄 선언, 즉 처음부터 죄를 지은 적이 없는 상태라는 것입니다. 이것이 하나님께서 우리 거듭난 자녀들을 보시는 시각입니다. 그분은 우리의 과거나 잘못에 대해서는 전혀 관심이 없으시며, 우리를 애초부터 죄가 없었던 의로운 존재로 인식하십니다.(이에 대해서는 다음 장 "죄 제거는 나의 것입니다"에서 더 자세히 다룰 것입니다.) 그러므로 우리는 참으로 하나님과 마귀와 사람들 앞에서 아무런 정죄감이나 열등감이나 두려움이 없는 담대한 상태를 유지할 수 있습니다.

의의 특성

우리가 받은 의에 대해 보다 깊이 이해하기 위해 그 특성을 살펴보겠습니다.

첫 번째, 의는 **예수님을 영접한 인간의 영에 주어진 하나님의 본성**입니다. 다시 말씀드리지만, 의는 행위가 아니라 본성입니다. 개에게는 개의 본성이 있고, 사람에게는 사람의 본성이 있습니다. 사람이 아무리 개처럼 기어 다니고 짖는다고 해도, 그 본성이 개의 본성으로 바뀌어 버리는 것은 아닙니다. 본성은 태어날 때 자연히 얻게 되는 것으로, 우리의 힘으로 선택하거나 바꿀 수 있는 것이 아닙니다. 우리가 처음에 육신으로 태어났을 때 어쩔 수 없이 죄의 본성을 타고났듯이, 그리스도를 영접하고 거듭났을 때 우리의 어떠함과 상관없이 의의 본성을 받게 된다고 성경은 말합니다.

구약 시대 율법에 속한 자들은 죄의 본성을 가졌기 때문에, 아무리 죄를 짓지 않으려고 애를 써도 또 다시 죄를 짓고 회개하는 삶을 반복할 수밖에 없었습니다. 이것이 죄인의 한계요, 그 한계를 인식시키고 통제하면서 결국 인간은 결코 스스로 죄 문제를 해결할 수 없음을 깨닫게 하는 것이 율법의 역할이었습니다.

그래서 그들에게는 "원수를 사랑하라"라는 계명이 주어지지 않았습니다. 이는 죄인에게 불가능한 일이었습니다. 그들에게는 죄를 짓지 않을 방법이 없었습니다.

벧후 1:4 (한글킹제임스)
이로써 우리에게 지극히 크고 귀한 약속들을 주심은 너희로 하여금 이 약속들을 통해서 정욕으로 인해 세상에 있게 된 타락을 피하여 하나님의 본성에 동참하는 자가 되게 하려 하심이라.

하나님께서는 본성을 바꾸지 않고서는 죄 문제를 근본적으로 다루실 수가 없었습니다. 율법은 행동을 다루지만, 복음은 본성을 바꾸어줍니다. 이것이 하나님께서 인류에게 주신 해결책입니다. 이제 하나님의 본성에 동참한 우리에게는 "원수를 사랑하라"라는 계명이 주어지는 것이 마땅합니다. 우리에게는 옳은 일을 행할 수 있는 능력이 있기 때문입니다.

지금까지 많은 그리스도인들이 죄 문제를 해결하기 위해 애써 왔습니다. 교회 안에서도 "죄를 짓지 마십시오. 회개하십시오. 그렇지 않으면 하나님께서 진노하시고, 마귀가 역사합니다."라는 메시지가 선포되었습니다. 그러나 새로운 피조물의 계시, 의의 본성에 대한 계시가 빠진 상태에서 죄의 행위만을 다루려고 한다면, 결국 율법에 속한 구약 성도들처럼 범죄와 회개의 끝나지 않는 악순환에 빠지고 말 것입니다. 스스로 죄인이라고 인식하는 상태에서는 결코 죄 문제를 넘어설 수 없습니다. 인간의 혼적인 의지에는 한계가 있기 때문입니다.

먼저 바탕을 바꾸어야 합니다. 거듭난 그리스도인이라면, 당신에게 의의 본성이 있다는 것을 인식하십시오. 갓 태어난 아기가 사람답게 행동하지 못하더라도, 그가 사람의 본성을 가졌다는 사실은 의심할 수 없습니다. 다만 훈련과 성장은 필요합니다. 아기가 처음부터 성큼성큼 두 발로 걸어 다니지는 못할 것입니다. 처음에는 팔다리로 기다가 어느 날 서게 되고, 걸음마를 시작하다가 때로는 넘어지기도 합니다. 그럴 때 "기면 안 돼! 왜 자꾸 넘어지니? 똑바로 걸어야지."라고 다그치는 것이 아니라, "너는 설 수 있는 능력이 있어. 너는 원래 두 발로 똑바로 걷고 뛰도록 만들어졌어. 다시 걸어 보자."라고 격려하는 것이 보다 지혜로운 방법일 것입니다. 이것이 우리의 접근 방식입니다. 잘못된 행동을 억제하는 것이 아니라, 또는 할 수 없는 것을 억지로 하라고 하는 것이 아니라, 우리 안에 이미 주어진 선한 본성을 계속 인식하게끔 하는 것입니다. 인식하고 생각이 변하면 마침내 능력이 흘러나오고 행동도 변하게 됩니다.

이는 절대로 죄 문제를 가볍게 여긴다거나 죄를 지어도 된다고 용인하는 것이 아닙니다. 문제는 행위가 아니라 본성입니다. 단지 행위를 용서하는 정도가 아니라 우리의 본성 자체를 바꾸는 것이 하나님께서 제시하신 근본적인 해결책이었듯, 우리 또한 죄의 행동을 바꿔보려고 매달릴 것이 아니라 우리 안의 새 본성에 집중하고 그것을 강화하는 것이 죄를 다루는 확실한 해결책이 될 것입니다.

"진리를 알지니 진리가 너희를 자유롭게 하리라"(요 8:32) 우리가 믿는 복음은 자유를 주는 복음입니다. 의의 복음은 우리를 정죄감과 죄의 속박으로부터 자유롭게 합니다. 그러나 안타깝게도 많은 그리스도인들이 여전히 정죄 의식에 시달리고 있습니다. 사실 죄 자체보다 '죄의식'이 더 심각한 문제입니다. 순간의 잘못보다도 그에 대한 죄책감과 정죄감이 더 오래 지속적으로 당사자를 옥죄기 때문입니다. 이런 생각으로 인해 하나님 앞에 담대하지 못하고, 기도도 잘 못하고, 심지어 "교회 다니니까 잘못할 때마다 하나님이 무섭다. 차라리 예수 안 믿는 것이 더 자유롭겠다."라며 신앙을 버리기도 합니다. 예수 안 믿는 사람들은 죄를 지어도 죄인지도 모르고 아무렇지 않게 살아가니 말입니다.

그러나 죄의식에 아무리 시달린들 죄에서 빠져나올 방법은 없습니다. 해결책은 오직 의를 의식하는 것입니다. 본인이 의인이라는 것을 알고, 내가 가진 의는 본성적으로 주어진 것이며 그로 인해 나는 하나님 앞에서 담대할 수 있고 또 옳은 일을 행할 수 있다는 사실을 깨달아야 합니다. 그러면 자연히 그 진리를 따라 도전하게 될 것이고, 그럴 때 우리 안에 계신 성령님의 도우심으로 인하여 의의 본성이 삶에서 실재가 되고, 능히 죄를 이기며 승리하는 삶을 살 수 있게 될 것입니다.

두 번째, 의는 하나님의 선물입니다. 다른 구원의 선물들처럼 우리가 거듭날 때 하나님의 은혜로 거저 주어진 선물인 것입니다.

엡 2:8-9
너희는 그 은혜에 의하여 믿음으로 말미암아 구원을 받았으니 이것은 너희에게서 난 것이 아니요 하나님의 선물이라 행위에서 난 것이 아니니 이는 누구든지 자랑하지 못하게 함이라

롬 3:24
그리스도 예수 안에 있는 속량으로 말미암아 하나님의 은혜로 값 없이 의롭다 하심을 얻은 자 되었느니라

처음에 의를 받을 때 우리의 행위와 상관없이 선물로 받았듯이, 마찬가지로 의를 유지하는 것도 우리의 행위와 무관합니다. 잘못한다고 의를 빼앗기는 것이 아닙니다. 우리는 다만 의를 인식하고 그 본성 가운데 거하기만 하면 됩니다.

롬 5:17
한 사람의 범죄로 말미암아 사망이 그 한 사람을 통하여 왕 노릇 하였은즉 더욱 은혜와 의의 선물을 넘치게 받는 자들은 한 분 예수 그리스도를 통하여 생명 안에서 왕 노릇 하리로다

하나님께서 우리에게 예수 그리스도를 보내 주신 목적은 죄 문제를 해결하고 영생을 주기 위함이었습니다. 그리고 그 영생의 목적은 우리로 하여금 생명 안에서 왕 노릇하도록 하는 것입니다. 즉 우리는 예수 그리스도를 통하여 생명 안에서 왕 노릇할 수 있도록, 은혜와 의의 선물을 넘치게 받은 자들입니다.

세 번째, 그리스도께서 우리의 의이십니다. 즉 우리가 예수 그리스도를 영접했다면 그분의 의를 받아들인 것입니다.

고전 1:30
너희는 하나님으로부터 나서 그리스도 예수 안에 있고 예수는 하나님으로부터 나와서 우리에게 지혜와 의로움과 거룩함과 구원함이 되셨으니

위의 말씀에서 보듯이 예수께서는 우리에게 지혜와 의와 거룩함과 구원이 되셨습니다. 우리가 예수를 받아들였다면, 이 모든 것이 우리 안에 있습니다.

이 중 거룩함에 대해서 좀 더 살펴봅시다. 이 또한 우리에게 은혜로 주어진 특성입니다. 거룩하다는 것은 성경적으로 '하나님의 임재가 거한다'는 뜻입니다.

늘 다니던 미디안 광야에서, 모세가 어느 날 떨기나무에 불이 붙은 것을 보았습니다. 이는 사막에서 흔히 볼 수 있는 광경이었습니다. 그런데 신기하게도 금방 꺼져야 할 불이 없어지지 않고

계속 타고 있었습니다. 그래서 모세가 주목하여 들여다보니, 그때 하나님께서 말씀하시기를 "네가 선 곳은 거룩한 땅이니 신발을 벗으라."라고 하셨습니다. 모세가 매일 양을 치며 다니던 평범한 땅이 하나님의 임재가 임하자 거룩한 땅이 된 것입니다. 시내산도 마찬가지입니다. 평범하던 산에 하나님의 임재가 임하자, 백성들은 감히 올라갈 수 없는 거룩한 곳이 되었습니다.

그런데 그 하나님의 임재가 우리 안에 임했습니다. 하나님의 거룩한 영이 우리 가운데 거하시는 것입니다. 그러므로 이제 우리는 예전의 평범함에서 벗어나 하나님의 임재를 가지고 다니는 자, 곧 거룩한 자가 되었습니다.

또한 거룩하다는 것은 '구별되었다'는 뜻입니다. 똑같은 물건이라도 하나님의 성전에 쓰이기 위해 구별되면 거룩하게 되는 것입니다. 구약에서 모형으로 나타나듯이, 어떤 것이 거룩하게 구별되기 위해서는 피로 씻기고, 기름을 바르는 과정을 거치게 됩니다.

우리는 어떻습니까? 그리스도의 보혈로 씻긴 바 되었고, 성령의 기름부음을 받았습니다. 그러므로 우리는 하나님의 나라와 의를 위해서 거룩하게 구별된 사람이라고 할 수 있습니다.

"거룩하게 하시는 이[예수님]와 거룩하게 함을 입은 자[그리스도인]들이 다 한 근원에서 난지라 그러므로 형제라 부르시기를 부끄러워하지 아니하시고"(히 2:11) 거룩하게 하시는 예수님과 거룩함을 입은 우리 모두는 다 한 분 하나님으로부터 나왔습니다. 하나님께서 예수님을 낳으셨고, 우리도 낳으셨습니다. 그래서 예수께서 우리를 형제라고 부를 수 있게 된 것입니다. 예수님께서 이 땅에 살아계신 동안에는 사람들을 형제라고 부르신 적이 한 번도 없었습니다. 가장 가깝게 표현하신 말이 "친구"였습니다. 그러나 부활하시고 처음 마리아를 만나셨을 때 예수님께서는 "너는 내 형제들에게 가서 이르되 내가 내 아버지 곧 너희 아버지 내 하나님 곧 너희 하나님께로 올라간다 하라"라고 말씀하십니다 (요 20:17). 드디어 예수님께서 우리의 형제가 되고, 하나님께서 우리의 아버지가 되신 것입니다.

"너희는 택하신 족속이요 왕 같은 제사장들이요 거룩한 나라요 그의 소유가 된 백성이니…"(벧전 2:9) 우리는 택하신 족속, 왕 같은 제사장, 거룩한 나라로 부름 받은 시온의 백성들입니다. 우리는 스스로 의인이자 거룩한 자라고 담대하게 말할 수 있는 그런 자리에 놓여 있습니다.

네 번째, 우리가 받은 의는 완벽한 의입니다. 우리가 거듭날 때 받은 의는 그 자체로 완벽한 하나님과 같은 의입니다. 본성은 그런 것입니다. 사람이면 사람이지, 반은 사람이고 반은 동물인 본성은 없습니다. 예수님께서 받으신 의의 수치가 100이라면, 우리도 50만큼이 아니라 똑같이 100만큼의 의를 받았습니다. 우리는 본성적으로 예수님만큼 의롭습니다.

그러므로 우리가 가진 의는 이제는 더 강해지거나 성장할 여지가 없습니다. 다만 우리가 그 의를 의식하는 "의 의식"이 자랄 뿐입니다. 방금 거듭난 새 신자와 신앙생활을 오래 한 성도의 삶에서 의가 다르게 나타나는 이유는, 그들이 가진 의가 달라서가 아니라 의를 인식하는 의식 수준이 다르기 때문입니다. 영적으로 성숙하고 의 의식이 자랄수록 의인으로서의 행동이 더 많이 나타나게 됩니다.

그렇다면 의 의식을 어떻게 증가시킬 수 있을까요? 하나님의 말씀을 아는 지식이 우리를 온전케 하므로, 우리가 의인이라는 사실을 알고 그에 관한 말씀을 많이 고백할수록 의 의식이 증가합니다. 앞서 언급했듯이 말씀의 포격을 가하는 것입니다. 그것이 우리의 혼을 다루고 의식을 변화시키는 가장 효과적인 방법입니다.

다섯 번째, 우리는 믿음을 통한 새로운 탄생으로 의롭게 됩니다. 예수께서 우리의 범죄로 인해 드려지셨고 또 우리를 의롭게 하시기 위해 일으켜지신 사실을 믿음으로 말미암아 우리는 그 죽음과 부활에 동참하여 새롭게 거듭나고 그리스도의 의를 받게 됩니다.

롬 3:22
곧 예수 그리스도를 믿음으로 말미암아 모든 믿는 자에게 미치는 하나님의 의니 차별이 없느니라

빌 3:9
그[그리스도] 안에서 발견되려 함이니 내가 가진 의는 율법에서 난 것이 아니요 오직 그리스도를 믿음으로 말미암은 것이니 곧 믿음으로 하나님께로부터 난 의라

우리가 가진 의는 믿음을 통하여 주어지는 것임을 여러 성경 구절에서 확증하고 있습니다. 율법의 의는 행동에 따라 주어집니다. 그러나 우리가 받은 의는 믿음으로 말미암아 차별 없이 완전하게 주어지는 것입니다.

롬 10:1-10 (한글킹제임스)
형제들아, 내 마음의 소원과 이스라엘을 위해 하나님께 드리는 기도는 그들이 구원받게 되는 것이라. 내가 그들에 대해 증거하노니 그들에게는 하나님께 대한 열성은 있으나 지식을 따라 된 것은 아니니라. 이는 그들이 하나님의 의를 모르고 자기들의 의를 세우려 함으로써 그들 스스로 하나님의 의에 복종치 아니하였음이니라. 그리스도께서는 믿는 모든 사람에게 의가 되시고자 율법의 끝이 되셨느니라. 모세도 율법에서 난 의에 대해 기록하기를 "율법을 행하는 사람은 그것들로 인하여 살리라."고 하였느니라. 그러나 믿음에서 난 의는 이같이 말하기를 "네 마음에 '누가 하늘에 올라갈 것인가?' 하지 말라." 하였으니 (그것은 그리스도를 위로부터 모셔 내리려는 것이요) 또한 "'누가 깊은 곳으로 내려갈 것인가?' 하지 말라." 하였으니 (그것은 그리스도를 죽은 자들로부터 다시 모셔 올리려는 것이라.) 그러나 그것이 무엇을 말하느냐? "말씀이 네게 가까워 네 입에 있으며 네 마음에 있노라." 하였으니, 곧 우리가 전파하는 믿음의 말씀이라. 네가 네 입으로 주 예수를 시인하고 또 하나님께서 그를 죽은 자들로부터 살리신 것을 네 마음에 믿으면 구원을 받으리라. 이는 사람이 마음으로 믿어 의에 이르고 입으로 고백하여 구원에 이르기 때문이라.

이는 자기 의를 내세우면서 하나님께서 주시는 의의 선물을 받지 않는 이스라엘 사람들에 대한 안타까움으로 사도 바울이 쓴 글입니다.

그들은 하나님에 대한 열성이 있었습니다. 열심히 율법을 지키고 종교적으로 살았습니다. 그러나 그것은 올바른 지식을 따른 것이 아니었습니다(2절). 주변의 그리스도인 중에서도 이런 경우를 쉽게 찾아볼 수 있습니다. 열심은 있지만 너무 낮은 계시 안에 머무르므로 열매가 없는 경우입니다. "내 백성이 지식이 없으므로 망하는도다"(호 4:6) 여기에서 지식이란 문맥상 하나님을 아는 지식을 의미합니다. 하나님을 아는 지식, 진리에 대한 지식만이 우리가 가진 능력을 실재가 되게 만들어 줍니다.

우리 안에 하나님의 의가 이미 주어졌는데 그것을 모르고 여전히 자기 의를 내세운다면 이것이야말로 하나님께 복종하지 않는 것입니다(3절). 그들은 행동을 똑바로 해야 의로움을 인정받는다고 믿기 때문에 착하고 바르게 살려고 끊임없이 노력하지만(4절), 이는 마치 세탁기라는 편리한 기계가 나왔는데도 굳이 손빨래를 고수하는 것처럼 더 좋은 언약이 주어졌음에도 불구하고 그것을 받아들이지 않고 스스로를 율법에 묶어 두는 것에 지나지 않습니다.

예수님께서 이미 다 이루셨습니다. "대체 누가 그런 일을 할 수 있느냐? 어떻게 그런 일이 가능하냐?"라는 질문은 필요치 않습니다(6-7절).

다만 우리는 말씀을 믿을 뿐입니다. 하나님께서 그리스도 안에서 우리를 누구라고 하시는지, 우리가 무엇을 가졌고 무엇을 할 수 있다고 하시는지를 심령으로 받고 입으로 고백하는 것만이 오직 우리의 할 일입니다(8절).

우리는 예수의 부활을 믿고 그분을 주님으로 고백함으로써 구원을 받습니다(9-10절). 그런데 이는 비단 구원에만 국한되는 것이 아니라 믿음의 삶 전체를 관통하는 원리입니다. 우리는 구원받은 이후에 다른 모든 분야들도, 믿고 고백하는 원리를 따라 취하게 됩니다.

'사람이 마음으로 믿어 의에 이르고' 의는 하나님 앞에 아무런 정죄감이나 열등감 없이 설 수 있는 상태입니다. 즉 하나님과 바른 관계를 맺게 되어 그분께서 주시는 복을 받기 합당한 상태가 되는 것입니다. 그런 상태에 이르기 위해서는 단지 믿는 것만으로도 충분합니다. 그러나 '입으로 고백하여 구원에 이르느니라' 즉, 그것이 실재가 되는 것은 우리가 입으로 고백할 때입니다. '믿음'이 마치 댐에 물을 가득 채우는 것과 같은 역할을 한다면, '고백'은 수문을 열어 물이 쏟아져 나오게 하는 역할을 하는 것입니다.

예를 들어 질병으로부터의 구원을 생각해 봅시다. '예수께서 채찍에 맞으심으로 내가 나음을 입었다'라는 말씀을 듣고 믿는

다면 하나님께서 나를 치료하시기에 부족함이 없는 상태가 됩니다. 그러나 실제적으로 치유가 나타나게 하려면 믿는 바를 말로 선포해야 합니다. 이것이 원리입니다. 이 책에서 다루는 다른 모든 복음의 신조들도 이 원리를 따를 때 우리 삶에 실재가 되어 나타날 것입니다.

> 히 5:13-14 (한글킹제임스)
> 젖을 사용하는 자는 누구나 의의 말씀에 능숙하지 못하나니, 이는 그가 아기이기 때문이요 단단한 음식은 장성한 사람들의 것이니, 그들은 그 말씀을 사용함으로 감각들을 단련하여 선악을 분별하는 사람들이라.

의의 말씀에 능숙하지 못한 자는 영적 어린 아이입니다. 다시 말해, 의의 복음을 잘 알지 못하고 의로 기능할 줄 모르는 사람은 영적으로 성숙하지 못하다는 뜻입니다.

간혹 믿음faith과 신실함faithfulness을 혼동하는 경우가 있습니다. 무조건 열심히 기도하고 봉사한다고 해서 영적 성숙이 일어나고 믿음의 삶을 사는 것은 아닙니다. 물론 믿음에는 신실함이 요구되지만, 단지 신실함만 가지고서는 믿음의 열매를 맺을 수 없습니다. 우리는 이 복음에 능숙한 자, 의 의식에 능숙한 자, 왕국의 법칙에 따라 온전히 기능하는 자가 되어야 합니다. 그것이 영적으로 성숙한 자의 삶입니다.

의의 열매

그렇다면 우리가 받은 의는 어떤 열매를 가져올까요?
첫 번째, 우리는 의로 인해 **죄에서 해방**됩니다.

롬 6:14
죄가 너희를 주장하지 못하리니 이는 너희가 법 아래에 있지 아니하고 은혜 아래에 있음이라

흔히 그리스도인들이 스스로를 "구원받은 죄인"이라고 칭하곤 합니다. 그러나 우리는 이제 더는 죄인이 아닙니다. '죄가 너희를 주장하지 못하리니' 사탄은 결코 죄 문제로 우리를 속박할 수 없습니다.

혹시 살면서 죄를 짓게 되더라도 빨리 회개하고 돌이키며 해야 할 우리의 고백은 하나입니다. "나는 의인입니다. 죄는 나를 주관할 수 없습니다. 이제 나에게 머무를 수 없습니다."

영적으로 어릴 때에는 실수할 수 있습니다. 그럴 때는 "만일 우리가 우리 죄를 자백하면 그는 미쁘시고 의로우사 우리 죄를 사하시며 우리를 모든 불의에서 깨끗하게 하실 것이요"(요일 1:9)라는 말씀을 따라 빨리 자백하고 그 문제에서 벗어나면 됩니다. 우리 거듭난 자녀들은 죄인들과는 달리 언제든지 죄를 자백하여 용서받고 하나님 앞에 담대히 나아갈 수 있는 특권을 가졌습니다.

(이 또한 다음 장 "죄 제거는 나의 것입니다"에서 자세히 다룰 것입니다.)

죄를 지었다고 해서 다시 죄인으로 돌아가는 것이 아닙니다. 죄인인지 의인인지를 결정짓는 것은 행동이 아니라 본성이기 때문입니다. 속 썩이는 자식에게 "호적에서 네 이름을 파겠다!"라고 말하는 부모도 있지만, 그렇다고 근본적인 혈통이 취소되는 것은 아닙니다. 마찬가지로 우리가 아무리 잘못된 행동을 반복하더라도, 우리가 가진 하나님 자녀로서의 본성은 사라지지 않습니다. 다만 신성한 본성을 가진 자답게 살지 못하는 것뿐입니다.

그러므로 우리는 자신이 의인인 것과 죄가 더는 나를 주장하거나 주관할 수 없는 것을 인식해야 합니다. 행동을 바꾸는 것에 집중하는 것이 아니라 우리가 가진 본성에 집중하는 것입니다. 그렇게 할 때 '의의 말씀'에 능숙한 자로서 성장하고, 실제적으로 죄와 상관이 없는 삶을 살 수 있게 될 것입니다.

두 번째, 우리는 의로 인해 세상과 사탄과 질병 등 모든 환경을 다스립니다.

> 롬 5:17
> 한 사람의 범죄로 말미암아 사망이 그 한 사람을 통하여 왕 노릇 하였은즉 더욱 은혜와 의의 선물을 넘치게 받는 자들은 한 분 예수 그리스도를 통하여 생명 안에서 왕 노릇 하리로다

세상의 어떤 환경이나 사건도 영생을 가진 의인을 멸망시킬 수는 없습니다. 우리는 실제로 "정복자보다 나은 자"입니다(롬 8:37).

저도 예전에는 이 말이 잘 믿어지지 않고 환경이 더 커보이던 때가 있었습니다. 그러나 영적으로 점점 성장할수록 상황은 결코 아무런 문제가 되지 않는다는 결론을 확실히 내리게 되었습니다. 어떤 상황에서도 두려워할 필요가 없습니다. "하나님을 사랑하는 자 곧 그의 뜻대로 부르심을 입은 자들에게는 모든 것이 합력하여 선을 이루느니라"(롬 8:28) 우리는 환경을 다스리고 승리하도록 부름 받은 자들이며, 어떤 상황이든 나에게 도움이 되는 방향으로 돌릴 수 있는 능력을 가지고 있습니다.

믿음으로 온전하게 산다고 해서 어려움을 전혀 겪지 않는 것은 아닙니다. 때로는 도전적인 상황에 맞닥뜨릴 수도 있습니다. 그럴 때 우리는 하나님을 원망하거나 환경을 탓하지 않습니다. 그렇다고 내가 무슨 잘못을 한 것인지 되새기며 정죄감에 빠지지도 않습니다. 믿음의 여정 가운데 우리를 시험하는 시련들을 온전히 통과하고 나면, 우리는 하나님의 일꾼으로 더 든든히 세워지게 될 것입니다. 바울은 이를 깨달았기에 "그러므로 우리가 낙심하지 아니하노니 우리의 겉사람은 낡아지나 우리의 속사람은 날로 새로워지도다 우리가 잠시 받는 환난의 경한 것이 지극히 크고 영원한 영광의 중한 것을 우리에게 이루게 함이니"(고후 4:16-17)라고 고백할 수 있었습니다.

설령 내가 틈을 내어줌으로써 초래한 고난도 마찬가지입니다.

재빨리 돌이켜 그리스도 안에서 내가 누구인지 인식하고 성령님과 동행한다면, 우리는 얼마든지 상황을 회복시킬 수 있을 뿐 아니라 더 낫게 만들 수도 있습니다. 아담이 저지른 문제를 더 좋은 언약을 통해 해결하셨듯이, 하나님의 회복은 항상 더 좋은 것입니다.

세 번째, 우리는 의로 인해 하나님과 하나가 되었습니다.

> 요 14:10, 20
> 내가 아버지 안에 거하고 아버지는 내 안에 계신 것을 네가 믿지 아니하느냐 내가 너희에게 이르는 말은 스스로 하는 것이 아니라 아버지께서 내 안에 계셔서 그의 일을 하시는 것이라 … 그 날에는 내가 아버지 안에 너희가 내 안에 내가 너희 안에 있는 것을 너희가 알리라

예수님께서는 이 땅에 살아 계신 동안, "아버지께서 내 안에, 내가 아버지 안에" 있으며 "나와 아버지는 하나"(요 10:30)라고 말씀하셨습니다. 그리고 이제 거듭난 우리 안에도 성령님께서 들어오셔서 "그분이 우리 안에, 우리가 그분 안에" 계신 상태, 즉 완전한 하나 됨을 이루게 되었습니다.

만약 우리가 의인이 아니라 죄인이었다면 이러한 연합은 결코 일어날 수 없습니다. 구약 시대에 성령님께서 거하시던 지성소에는 죄인이 절대 들어갈 수 없었으며, 행여 들어갔다가는 견디지 못하고 바로 목숨을 잃었습니다. 하나님의 임재는 결코 죄와

공존할 수 없는 특성을 가졌기 때문입니다. 그런데 우리는 그 거룩한 영을 직접 모시면서 우리 스스로 성전이 되었습니다. 바로 우리가 의롭고 거룩하게 되었기 때문입니다.

우리는 의롭게 되었고, 그 열매로 하나님과 하나 됨을 누리게 되었습니다. 우리가 자주 부르는 찬양 중에 "하나님의 보좌 앞으로 나아갑니다", "주께 더 가까이 이끌어 주소서"라는 가사들이 있습니다. 좋은 말이지만, 사실 이러한 가사들은 거듭난 그리스도인의 정체성에 대한 무지에서 비롯된 경우가 많습니다. 지금 우리는 하나님과 분리된 다른 곳에 속해 있어서, 그분 앞으로 갈 수 있기를, 가까이 데려가 주시기를 간구해야 하는 그런 상태가 아닙니다. 우리 안에 그분의 보좌가 있고, 우리는 그분 안에서 태어났습니다. 우리는 하나님과 하나입니다. 그러므로 이런 가사를 접할 때에도 옛 계시의 관점에서 그대로 받아들이지 말고, "나와 하나님이 하나인 것을 더 인식합니다", "내 안에 계신 하나님의 임재가 더 풀어지기를 원합니다"라는 식으로 새로운 피조물의 계시를 따라 인식하면서 부르는 것이 좋겠습니다.('하나님과 하나 됨'에 대해서는 6장 "화평은 나의 것입니다"에서 다시 한 번 다룰 것입니다.)

의의 결과 : 믿음

의의 결과로 우리는 하나님 앞에 믿음을 갖게 됩니다. 여기에서 믿음이란 거듭나기 위해 가져야 하는 최소한의 믿음이라기보다는,

그리스도인으로서 성장하면서 하나님에 대해 가지는 믿음이라고 하겠습니다.

거듭난 그리스도인이라 할지라도 자신이 가진 의에 대해 잘 알지 못하면, 믿음을 발휘하기가 어렵습니다. 무엇을 구하든 말씀대로 믿고 고백하고 주장함으로써 내 것으로 취하는 것이 기본 원리인데, 본인이 하나님의 생명과 의를 가졌다는 사실을 인식하지 못한다면 "이것이 하나님의 뜻이 맞나?", "어제도 죄를 지었는데 응답이 될까?", "하나님께서 정말 내 기도를 들으실까?" 하는 의심에 쉽게 틈을 내어 주게 되고, 그런 사람의 기도는 응답되지 않을 때가 더 많을 것입니다.

그러나 의 의식으로 충만한 사람은 쉽게 믿음을 발휘합니다. "의인의 간구는 역사하는 힘이 큼이니라"(약 5:16) 그들은 하나님께 무엇이든 담대하게 구하고 응답을 기대하며, 실제로 많은 열매를 경험합니다. 무엇이든 믿음을 따라 역사하는 것이 하나님 왕국의 법칙이기 때문입니다.

> 사 58:8-9(한글킹제임스)
> … 네 의가 네 앞서 갈 것이요, 주의 영광이 네 후위가 되리라. 그때에 네가 부르면 주가 응답할 것이요, 네가 부르짖으면 주가 "내가 여기 있노라." 말하리라. …

의가 있는 곳에는 주의 임재의 영광이 따라갑니다. 즉 의 의식이 우세한 곳에는 하나님께서 일하셔서 그분의 영광을 드러내기에 좋은 환경이 만들어집니다. 그럴 때에 의인이 하나님을 부르고 구하면 응답하시겠다고 위 구절에서는 말하고 있습니다.

의 의식의 방해물과 해결책

우리가 받은 의 자체를 훼손하거나 방해할 수 있는 것은 사실상 없습니다. 그러나 의에 대한 인식인 '의 의식'을 방해함으로써 우리 안의 의가 활성화될 수 없도록 막는 것들이 있습니다.

첫 번째는 정죄의식입니다. 이제 하나님은 결코 우리를 정죄하지 않으십니다. 예수님도 마찬가지입니다. 심지어 율법도 우리를 정죄할 수 없습니다. 이는 옛 언약에 속한 유대인들에게만 구속력을 가지는 것으로서 그 법은 이미 폐하여졌고 우리에게는 새 계명이 주어졌기 때문입니다.

이제 우리를 정죄할 수 있는 것은 우리 자신뿐입니다. 이미 의를 받았음에도 불구하고 자꾸 예전의 생각 체계, 죄인의 사고방식으로 돌아가서 죄를 인식하고 정죄감을 허락한다면, 우리는 우리가 가진 의를 온전하게 풀어낼 수가 없습니다.

어떠한 경우에도 정죄감을 허용하지 마십시오. "만일 우리가 우리 죄를 자백하면 그는 미쁘시고 의로우사 우리 죄를 사하시며 우리를 모든 불의에서 깨끗하게 하실 것이요"(요일 1:9) 하나님께서는 우리가 실수를 저질렀을 때 정죄감으로 인해 그분 앞에 담대하게 서지 못할까봐, 죄를 지었더라도 미쁘시고 의로우신 하나님께 자백하면 모든 불의를 없애실 것이라는 이 약속까지 주셨습니다.

요일 3:20 (한글킹제임스)
이는 만일 우리 마음이 우리를 정죄한다면 하나님은 우리 마음보다 더 크시고 모든 것을 아시기 때문이라.

잘못을 회개했음에도 불구하고 당신의 마음이 계속해서 당신을 정죄한다면, 거절하고 이렇게 선포하십시오. "내 마음보다 더 크신 하나님께서 나를 의인으로 선언하셨다!" 내 마음보다 크시며 모든 것을 아시는 하나님께서 친히 우리에게 무죄를 선언하셨으며, 그 무엇도 그것을 무효화할 수는 없습니다.

두 번째는 말씀에 동의하지 않는 것입니다. 즉 의의 말씀에 아예 무지하여서 속고 있거나, 들었더라도 기존의 종교적인 사고 방식으로 인해 받아들이지 못하고 거절하는 것입니다.

롬 10:3
하나님의 의를 모르고 자기 의를 세우려고 힘써 하나님의 의에 복종하지 아니하였느니라

빛이신 예수께서 이 땅에 오셔서 하나님의 의를 받을 길을 열어 주셨음에도 불구하고, 유대인들은 그 진리를 받아들이지

못하고 스스로 자신의 의를 세우려고 애썼습니다. 그러나 우리는 말씀에 비추어 틀린 것이 아니라면, 무엇이든 새로운 계시를 받아들이고 그리스도를 아는 지식을 발전시키려는 태도를 가져야 합니다.

하나님께서는 인간이 그분께 어떻게든 인정받기 위해 자신의 의로 고군분투하는 삶을 살도록 내버려 두지 않으시고, 처음부터 온전한 의를 부여하심으로써 하나님과 온전한 관계를 맺으며 다스리고 승리하는 믿음의 삶을 살 수 있도록 하셨습니다.

그러므로 우리가 의 의식의 방해물을 제거하기 위한 해결책은 단 하나입니다. 성경을 통해 의의 말씀을 배우고, 의를 지속적으로 인식하는 것입니다.

> 몬 1:5-6(한글킹제임스)
> 주 예수와 모든 성도를 향한 너의 사랑과 믿음을 들음이니 이는 너의 믿음의 교제가 그리스도 예수 안에서 너희 안에 있는 모든 선한 것을 인식함으로 인하여 효과가 있게 하려 함이라.

위 말씀에서는 성도들 안에 사랑과 믿음이 있음을 알려 주면서, 그 선한 것들을 인식함으로써 효과가 있게 하려 한다고 말하고 있습니다. 이와 같이 우리 안에 아무리 선한 것들이 많이 있더라도 그것이 있다는 것을 알고 인식해야만, 효력을 내고 삶 가운데 나타나게 됩니다.

약 1:25
자유롭게 하는 온전한 율법을 들여다보고 있는 자는 듣고
잊어버리는 자가 아니요 실천하는 자니 이 사람은 그 행하는
일에 복을 받으리라

고후 3:16-18
그러나 언제든지 주께로 돌아가면 그 수건이 벗겨지리라 주는
영이시니 주의 영이 계신 곳에는 자유가 있느니라 우리가 다
수건을 벗은 얼굴로 거울을 보는 것 같이 주의 영광을 보매
그와 같은 형상으로 변화하여 영광에서 영광에 이르니 곧 주의
영으로 말미암음이니라

우리는 '자유롭게 하는 온전한 율법'을 받았으므로, 그것을
듣고 잊어버리는 것이 아니라 지속적으로 들여다보고 실천하여
삶에 나타나게 해야 합니다. 세상에는 온전한 법이 없습니다. 또한
우리를 자유롭게 하는 법도 없습니다. 그러나 이 법은 온전하며,
그것을 들여다보는 사람을 자유롭게 합니다. 그것이 바로 그리스도
안에서 내가 누구이며, 무엇을 가지고 있고, 무엇을 할 수 있는지에
대한 새로운 피조물의 계시입니다. 그 말씀을 지속적으로 들여다
보고 묵상하십시오. 이 계시는 들여다보면 볼수록 우리를 능력
에서 능력으로 영광에서 영광으로 이르게 하고, 그대로 행할 수
있는 능력을 우리 안에서 불러일으켜, 우리로 하여금 말씀을

실천하는 자가 되게 합니다. 내가 하나님의 의를 가진 의인이라는 사실을 계속해서 확인하고 붙잡으십시오. 그렇게 할 때 비로소 우리가 가진 의가 활성화되고 참으로 효력을 발휘하기 시작할 것입니다.

기억하십시오. 의는 나의 것입니다. 우리는 하나님의 의를 가졌습니다. 그 의는 본성으로 주어진 것이므로, 우리가 그 어떤 잘못된 행동을 하더라도 결코 취소되거나 사라지지 않습니다. 이 진리를 내 것으로 삼아, 하나님과의 온전한 관계 가운데 모든 죄와 어둠과 상황을 굴복시키는 의인의 삶을 사십시오!

고백

- 나는 의인입니다. 그리스도께서 나의 의가 되셨으므로 내가 의인이 되었습니다.
- 의는 나의 본성입니다. 나는 나의 행동과 상관없이 언제나 아무 정죄감이나 열등감 없이 하나님의 임재 앞에 설 수 있습니다.
- 내 영에는 언제나 하나님의 뜻대로 행동할 수 있는 능력이 있습니다.
- 나는 언제나 의인입니다. 그러므로 나는 언제나 기도한 것마다 응답을 받습니다.

제3장

죄 제거는 나의 것입니다

세 번째 복음의 신조는 이것입니다. *"죄 제거는 나의 것입니다."*

죄 제거와 죄 용서

여기에서 말하는 죄 제거remission of sins;죄 면제, 죄 사면는 우리가 일반적으로 생각하는 죄 용서forgiveness of sins와는 구별되는 개념입니다. 대부분의 성경 번역본에서는 '죄 사함(죄 용서)'라는 표현이 나올 때, 거듭나면서 본성적으로 죄성을 완전히 없애는 것을 가리키는지, 아니면 거듭난 후에 범한 죄의 행동을 해결하는 것을 가리키는지 구분하기가 쉽지 않습니다. 사실 원어에서도 각각의 경우를 정확하게 다른 단어로 표현하고 있지 않으므로, 문맥에 따라 구분하여 번역해야만 합니다.

이에 킹제임스 영어 성경에서는 문맥상 예수님께서 십자가에서 우리의 죄를 사하시고 죄 문제를 해결하셨다는 내용은 '죄 제거remission of sins', 그 이후에 우리가 행동으로 지은 죄를 하나님께서 용서하신다는 내용은 '죄 용서forgiveness of sins'로 구분하여 적고 있습니다.

마 26:28(한글킹제임스)
이는 이것이 죄들을 사하심the remission of sins으로 인하여 많은 사람을 위해 흘리는 나의 새 언약의 피이기 때문이라.

행 2:38(한글킹제임스)
베드로가 그들에게 답변하기를 "회개하라. 그리고 죄들을 사함the remission of sins받은 것으로 인하여 너희 각자는 예수 그리스도의 이름으로 침례를 받으라. 그리하면 너희가 성령의 선물을 받으리라."

위의 두 성경 구절에서 '죄 사함'은 모두 '죄 제거the remission of sins', 즉 예수 그리스도께서 속량 사역으로 인해 우리의 죄성을 근본적으로 해결하신 것에 대해 이야기하고 있습니다. 예수 믿고 거듭날 때 우리는 일차적으로 죄의 본성 문제를 해결 받습니다. 다시 말해, 단지 죄를 용서받은 정도가 아니라 죄로부터 완벽히 씻김 받고 한 번도 죄를 지은 적이 없는 의인으로 거듭나는 것입니다.

그러므로 우리는 결코 '용서받은 죄인'이 아닙니다. 죄인은 거듭나지 않은 불신자를 이르는 말이지, 거듭난 그리스도인은 결코 죄인이 될 수 없습니다. 거듭 강조하지만, 죄인과 의인을 가르는 것은 그의 행동이 아니라 그가 가진 본성이기 때문입니다.

하나님으로부터 분리된 자들은 먼저 죄의 본성 문제부터 해결해야 합니다. 그런 후에야 잘못된 행동을 용서 받는 것이 비로소 의미가 있습니다. 본성이 다루어지지 않은 상태에서 아무리 행동에 대한 용서를 받는다고 해도 죄인의 상태에서 벗어날 수는 없기 때문입니다. 그러한 죄인은 그 안에 성령님을 모실 수도, 하나님과 온전한 관계를 맺을 수도 없습니다.

정리하면, 예수 그리스도를 구주로 영접하고 거듭날 때 우리는 먼저 죄성을 씻어내고 wash out, wipe out 새로운 생명을 받아 의인의 본성을 갖게 되는 "죄 제거"를 받습니다. 그런 후에 저지르는 잘못된 행동에 대해서도 하나님께서는 "용서"해 주십니다 overlook wrong things.

히 10:1-10, 14-19 (한글킹제임스)
율법에는 다가올 선한 것들의 그림자는 있으나, 그것들의 형상 자체는 없으므로 그들이 해마다 계속해서 바치는 희생 제물들로는 그곳으로 나아오는 자들을 결코 온전케 할 수 없느니라. 그랬더라면 그들이 제물 드리는 일을 그치지 아니하였겠느냐? 이는 경배드리는 자들이 단번에 정결케 되면 죄들에 대한 의식이 더 이상 없었을 것이기 때문이라. 그러나 이 희생제물들로 인하여 해마다 죄들을 다시 기억나게 하였나니 이는 황소들과 염소들의 피로는 죄들을 제거하는 take away 것이 불가능하기 때문이라. 그러므로 그가 세상에 오실 때에 말씀하시기를 "주께서는 희생제물과 예물을 바라지 아니하시고 나를 위하여 한 몸을 예비하셨도다. 주께서 번제들과 속죄제들은 기뻐하지 아니하셨으니 그때 내가 말씀드리기를 '오 하나님이여, 보소서, (두루마리 책에 나에 관하여 기록한 것과 같이) 주의 뜻을 행하려고 내가 왔나이다.' 하였노라."하셨도다. 위에 말씀하시기를 희생제물과 예물과 번제들과 속죄제는 바라지도 아니하시고 기뻐하지도 아니하신다고 하셨으니 이것들은 율법에 따라 드려진 것이라. 그때에 말씀하시기를 "오 하나님이여, 보소서, 주의 뜻을 행하려고 내가 왔나이다."하셨으니 첫 번째 것을 폐하심은 두 번째 것을 세우려 하심이라. 그 뜻에 따라 모든 사람을 위하여 한 번 예수 그리스도의 몸을 드리심으로 우리가 거룩하게 된 것이라 …

이는 그가 한 번의 제사로써 거룩하게 된 자들을 영원히 온전케 하셨기 때문이라. 그것에 관하여 성령께서도 우리에게 증거자가 되셨으니, 이는 그후에 그가 미리 말씀하시기를 "그 날들 이후로 내가 그들과 세울 언약이 이것이라. 주가 말하노라. 내가 나의 법들을 그들의 마음들 속에 두고 그들의 생각에 그 법들을 기록하리라. 또 그들의 죄들과 불법들을 다시는 기억하지 아니하리라."고 하셨음이라. 이제 이것들을 용서하신remission of sins 곳에는 더 이상 속죄제가 없느니라. 그러므로 형제들아, 우리가 예수의 피로 인하여 담대하게 지성소에 들어가나니,

구약의 속죄atonement는 동물의 피로 죄를 덮는 것일 뿐, 결코 죄를 근본적으로 제거하지는 못했습니다. 그들은 매년 속죄제를 지낼 때마다 오히려 자신의 죄성을 재확인할 뿐이었습니다.
그러나 예수께서 자신의 몸을 제물삼아 단번에 영원한 속죄제를 드림으로써, 우리는 죄의 본성에서 완전히 벗어나 온전케 되고 거룩하게 되었습니다. 하나님께서는 이제 새 언약으로 들어온 우리를 보실 때 죄와 불법은 기억하지 않겠다 하셨습니다. 그러므로 하나님 앞에서 죄를 가리고 정결함을 인정받기 위한 속죄 제사는 이제 우리에게 더는 필요하지 않습니다.

행 10:43 (한글킹제임스)
그분에 대하여 모든 선지자도 증거하기를 "누구든지 그를 믿는 자는 그의 이름으로 말미암아 죄들의 사함remission of sins을 받으리라."고 하였느니라.

위의 구절도 예수 이름을 믿음으로 말미암아 근본적으로 죄의

본성이 다루어지는 것에 대해 말하는 것으로, 한글 성경에서 '죄들의 사함' 이라고 번역된 부분을 킹제임스 영어 성경에서는 죄 제거remission of sins라고 적고 있습니다.

> 요 1:11-13
> (그가) 자기 땅에 오매 자기 백성이 영접하지 아니하였으나 영접하는 자 곧 그 이름을 믿는 자들에게는 하나님의 자녀가 되는 권세를 주셨으니 이는 혈통으로나 육정으로나 사람의 뜻으로 나지 아니하고 오직 하나님께로부터 난 자들이니라

불신자는 그들의 아버지인 마귀의 본성을 가지고 있습니다. 본성은 태어날 때 주어지는 것으로, 그것을 바꾸는 방법은 다시 태어나는 것뿐입니다. 그렇기 때문에 우리는 본성의 문제를 해결하기 위해서 반드시 '거듭나야만' 합니다. 예수 그리스도를 영접하면 우리의 본질인 영이 하나님의 영으로 말미암아 거듭나고 우리는 하나님의 생명을 받은 하나님의 자녀가 되는 것입니다.

그리스도인의 의는 취소되지 않는다

그렇다면 거듭난 그리스도인이 죄를 지으면 어떻게 해야 할까요? 이전 장("의는 나의 것입니다")에서도 언급했듯이, 일단 죄 제거를 받고 의인이 된 그리스도인이라면 잘못을 저지르더라도

그 행위로 인해 본성이 취소되지는 않습니다. 그럴 때에는 하나님께 죄를 자백하고 바로 용서를 받으면 됩니다.

요일 1:9 (한글킹제임스)
우리가 우리 죄들을 자백하면 그는 신실하시고 의로우셔서 우리 죄들을 용서하시며 forgive our sins, 모든 불의에서 우리를 깨끗하게 하시느니라.

위의 요한일서 말씀은 문맥상 불신자가 아닌 거듭난 그리스도인, 특별히 영적으로 어린 신자들에게 주는 말씀입니다. 본성은 변하였지만 아직 그 본성을 온전히 풀어내지 못해 잘못된 행동을 저지르는 어린 신자들의 경우, 죄를 자백하고 나아가면 신실하고 의로우신 하나님께서 모든 죄를 용서하시고 우리를 깨끗케 하신다는 것입니다.

그러나 이는 많은 그리스도인들이 일반적으로 생각하듯이, 우리가 죄를 지을 때마다 하나님 앞에 무릎을 꿇고 사죄를 드리면 그분께서 긍휼히 여기시어 용서를 해주시고, 그러면 우리는 다시 깨끗해져서 하나님 앞에 당당해지는 그런 모습을 말하는 것이 아닙니다.

예수님의 속량 사역은 완벽했고, 그것을 믿는 우리는 완벽한 의인으로 거듭났습니다. 죄인 또는 의인으로서의 정체성은 본성에 따라 결정되는 것으로서, 행동이 바르거나 바르지 않은 것과는 상관이 없습니다. 그러므로 본성적으로 의인이 된 사람이 잘못이나 죄를 저지른다고 해서 즉시 불의한 자가 되거나 죄인으로 변하는 것이 아닙니다. 하나님의 시각에서는 우리는 항상 의인이며, 언제나 그분 앞에 아무런 정죄감이나 열등감이나 두려움 없이 담대하게 나아갈 수 있는 자격을 가지고 있습니다.

"죄가 너희를 주장하지 못하리니 이는 너희가 법 아래에 있지 아니하고 은혜 아래에 있음이라"(롬 6:14) 사실상 죄는 이제 더 이상 우리를 주관할 수 없습니다. 우리는 죄를 지을 수 없는 본성을 가졌습니다. "하나님께로부터 태어난 사람은 누구나 죄를 짓지 아니하나니 이는 하나님의 씨가 그 사람 안에 거함이요, 또 죄를 지을 수 없는 것은 그가 하나님께로부터 태어났기 때문이라." (요일 3:9, 한글킹제임스) 우리는 죄의 영향을 전혀 받지 않는, 진정 죄로부터 자유로운 삶으로 부름 받았습니다!

다만 아직 영적으로 어린 자들은 자신이 가진 본성을 인식하지 못하고 여전히 예전의 생각과 습관을 따라 행동함으로써 잘못을 저지를 수 있습니다. 그렇다고 해서 하나님과 우리의 관계가 변경되거나 하나님께서 우리를 보시는 관점이 바뀌는 것은 아니지만, 우리 자신이 하나님 앞에 담대함을 유지하는 데에는 영향을 미칠 수 있습니다. 다시 말해, 반복되는 죄는 우리로 하여금 정죄감에 틈을 내어 주게 하고, 우리가 의인으로서 온전하게 기능하는데 방해물이 되는 것입니다.

그럴 때 하나님께서는 뒤로 숨지 말고 오히려 그분께 나와 죄를 고백하며 정죄감을 해결하라고 말씀하십니다. "죄를 자백하면 용서하시며 모든 불의에서 깨끗하게 하시느니라" 영적 어린 아이가 죄 문제에 대해서 하나님께 담대함을 유지할 수 있도록, 그들이 이해할 수 있는 언어로 이런 약속을 주신 것입니다. 사실, 우리는 더는 깨끗케 함을 받을 필요가 없습니다. 하나님께서는 이미 다 하셨습니다. 단지 우리 마음의 거리낌을 제거하고 의인의 모드에서 온전히 기능할 수 있도록, 하나님 앞에서 죄를 자백하고 스스로 돌이키는 것입니다. 그것이 바로 회개입니다. 하나님의 말씀에 비추어 잘못된 생각이나 행동을 발견했을 때 잘못했다고 빌고 또 같은 길을 가는 것이 아니라, 결단하고 돌이켜 경로를 바꾸는 것입니다.

정확히 말하면 우리는 용서를 구해서 받는 것이 아닙니다. 이미 이루어진 용서를 내 것으로 삼는collect 것입니다. 사실 하나님은 우리의 죄보다는 우리가 의인으로서 얼마나 잘 기능하고 열매를 맺는지에 더 관심이 있으십니다.

말씀으로 생각을 바꾸어 행동을 조정하라

변화는 영에서 비롯됩니다. 사람들은 흔히 눈에 보이는 현상을 따라 판단하곤 합니다. 그들은 그리스도인이면서도 죄를 짓는 사람들을 많이 보았기 때문에 "사람은 죽을 때까지 죄를 지을 수밖에 없다. 그리스도인도 마찬가지이다."라는 말을 기정사실로 받아들입니다. 그러나 중요한 것은 현상이 아니라 본질입니다.

죄의 행위에 집중하지 말고, 의인의 본성에 집중하십시오. 우리 안에 어떤 생명이 있는지, 하나님께서 우리를 위해 무엇을 하셨는지, 그리스도 안에서 내가 누구인지에 대한 말씀을 계속해서 배우고 인식해야 합니다.

어린 신자들이 잘못을 저지를 때, 그들을 정죄한다고 해서 그 행동이 바뀌지는 않습니다. 다시 말하지만 변화는 영에서부터 비롯되는 것입니다. 그가 자신의 영 가운데 있는 하나님의 생명을 풀어낼 수 있도록 계속해서 말씀을 알려 주십시오. 당장 눈에 보이는 잘못이나 실수는 잠시 접어 두고, 그가 그리스도 안에서 진정 어떤 사람인지를 알려 주십시오. 그렇게 진리의 말씀 안에서 성장하다보면, 자연스럽게 자기 안의 의를 풀어냄으로써 죄의 행동을 극복하게 되고 "죄가 너희를 주장하지 못하는" 삶을 실제로 살게 될 것입니다.

우리는 우리의 생각을 하나님의 말씀으로 재구성해야 합니다. 이것이 행동을 바꾸는 방법입니다. 생각을 바르게 하면, 자연히 행동도 바르게 될 것입니다. 잘못된 생각이 들어올 때, 정죄감이나 열등감이 들어올 때, 즉시 거절하고 말씀을 붙잡으십시오. 말씀으로 집중 포격을 가하십시오.

사실 우리의 영과 혼은 매우 밀접하게 결합되어 있습니다. 영으로 말씀을 받지만 혼을 통하지 않고는 그 말씀이 영으로 들어갈 수 없으며, 영에서 나온 메시지도 혼에 비추어지지 않고는 우리에게 전달될 수 없습니다. 때문에 우리 안에 떠오르는 수많은 생각들을 가지고, 이것이 거듭난 영에서 나온 것인지 아니면 아직 변화되지 않은 옛 생각에서 나온 것인지 바로바로 구별하기란 쉬운 일이 아닙니다.

"하나님의 말씀은 살아 있고 활력이 있어 좌우에 날선 어떤 검보다도 예리하여 혼과 영과 및 관절과 골수를 찔러 쪼개기까지 하며 또 마음의 생각과 뜻을 판단하나니"(히 4:12) 영과 혼을 분리할 수 있는 것은 오직 하나님의 말씀뿐입니다. 우리는 오직 하나님의 말씀이라는 기준에 의해서만 거듭난 영의 생각과 옛 본성의 생각을 구별해낼 수 있습니다.

그러므로 우리는 우리의 혼에 말씀을 따라 영의 색깔을 입혀야 합니다. 우리의 혼이 거듭난 영의 색을 온전히 발하도록, 계속해서 하나님의 말씀으로 먹이고 재구성해야 합니다. 그리고 말씀을 알 뿐만 아니라 믿고 고백해야 합니다. 바른 말씀을 넣어 주고 생각을 바꾼다면, 최소한 사탄의 속임수에 속지 않고 방어는 할 수 있을 것입니다. 그러나 구체적으로 환경을 변화시키고 눈에 보이는 실재를 불러오기에는 부족함이 있습니다. 그럴 때 우리는 믿음으로 말씀을 선포해야 합니다.

우리가 붙잡아야 할 말씀은 무엇입니까? 예수 그리스도의 승리로 말미암아 이루어진, 그리스도 안에서 내가 누구이며 무엇을 가졌고 무엇을 할 수 있는지에 대한 말씀, 즉 새로운 피조물의 계시입니다. 이 말씀으로 당신의 혼을 끊임없이 포격하십시오.

그리고 그 말씀을 당신의 믿음과 결합하여 담대히 선포하십시오. 그렇게 할 때 당신 안에 있는 의의 본성이 활성화되고, 당신의 잘못된 행동들이 교정되며, 하나님께서 말씀에서 약속하신 축복들이 당신의 삶에 구체적으로 나타나게 될 것입니다.

 고백

- 나의 죄는 깨끗이 제거되었습니다.
- 나는 더는 죄인이 아니라 의인입니다.
- 이제 죄는 나를 주관할 수 없습니다. 나는 하나님에게서 태어났으므로 죄를 지을 수 없는 본성을 가졌습니다.
- 만일 죄를 지으면, 나는 그것을 자백함으로써 정죄감에서 빨리 빠져나옵니다.

제4장

구원은 나의 것입니다

네 번째 복음의 신조입니다. "구원은 나의 것입니다."

그리스도인은 모든 흑암의 권세를 이긴 자이다

여기에서 구원deliverance;구출, 해방이란 모든 종류의 흑암의 권세로부터의 해방을 의미합니다.

> 골 1:12-13
> 우리로 하여금 빛 가운데서 성도의 기업의 부분을 얻기에 합당하게 하신 아버지께 감사하게 하시기를 원하노라 그가 우리를 흑암의 권세에서 건져내사delivered 그의 사랑의 아들의 나라로 옮기셨으니

우리는 흑암의 권세로부터 건진 바 되어 하나님의 사랑의 아들의 나라로 옮겨졌습니다. 즉 이제 마귀는 그리스도인에게 역사할 수 있는 합법적인 권리를 가지고 있지 않다는 뜻입니다. 우리는 사탄을 이긴 자입니다. "허물로 죽은 우리를 그리스도와 함께 살리셨고 또 함께 일으키사 그리스도 예수 안에서 함께 하늘에 앉히시니"(엡 2:5-6) 예수님께서 십자가에서 죽으시고 장사되시고 부활하실 때 우리도 그분 안에서 함께 동참하였습니다. 우리는 그리스도와 함께 승리하였고, 이제는 함께 하늘에 앉힌 바 되었습니다.

그러나 안타깝게도, 여전히 많은 그리스도인들이 사탄의 역사에 대한 두려움을 갖고 있는 것 같습니다. 사실 귀신들린 사람을 실제로 보았다거나 비슷한 경험담을 많이 접하다보면 자연스럽게 그런 생각을 하기가 쉽습니다. 저도 사역 초기에 악한 영을 쫓는 경험을 많이 하다 보니, 어느새 사탄의 역사를 인정하고 당연한 일로 여기기 시작했던 적이 있었습니다.

그렇다고 사탄의 존재 자체를 부인하거나 그런 현상들은 다 거짓이라는 의미는 아닙니다. 다만 성경에서 말씀하는 바에 주목하고 더 온전한 계시를 취하시기 바랍니다. 사탄은 실재하지만, 이제 그들은 법적으로 패배가 선언된 적이며, 거듭난 그리스도인에게 아무런 영향력도 행사할 수 없는 존재입니다. 우리는 예수 그리스도와 함께 사탄을 이기고 정복한 자들입니다.

아직 우리가 이 계시로 완전하게 새로워지지는 않아서 현상적으로 사탄에게 틈을 주는 부분이 있다 할지라도, 하나님께서는 어둠을 다스릴 수 있는 권리를 그리스도를 통하여 합법적으로 우리에게 부여하셨습니다. 예수님께서는 "(하나님께서) 하늘과 땅의 모든 권세를 내게 주셨고"(마 28:18), 또한 "내가 지옥과 사망의 열쇠들을 가졌다"고 말씀하셨습니다(계 1:18, 한글킹제임스). 우리는 그 모든 권세에 동참한 자가 되었습니다. "자녀이면 또한 상속자 곧 하나님의 상속자요 그리스도와 함께 한 상속자니"(롬 8:17) 사실 예수님은 이미 하나님이셨으므로 굳이 이 땅의 권세를 가져야 하거나 지옥까지 내려가셔서 마귀를 이기고 오실 필요가 없었습니다. 그러나 그분이 그렇게 하신 이유는 우리에게 그 권세를 주시기 위해서였습니다.

모든 값은 이미 치러졌습니다. 예수 그리스도께서 지옥과 사망을 완전히 이기고 부활하셨습니다. 그리고 우리도 이것을 믿고 받아들이기만 하면, 예수님과 동일시됨으로 말미암아 그 완전한 승리와 부활에 동참하게 되고 이제 더는 마귀의 공격이나 방해에 영향 받지 않게 됩니다.

자신의 이러한 위치를 인식하고, 마귀에게 틈을 주지 마십시오. 사탄의 영향을 받을 수도 있다고 인정하지 마십시오. 현상적으로 그런 일이 있다 하더라도 그것은 그리스도인의 온전한 삶의 모델이 아닙니다. "나는 흑암의 권세로부터 해방되었습니다."라는 고백을 당신 것으로 삼으십시오. 당신의 심령을 이 진리로 환하게 비춤으로써 마귀의 속임수를 허용하지 마십시오.

눅 4:18 (한글킹제임스)

주의 영이 내게 임하시니 이는 가난한 자들에게 복음을 전하게 하시려고 내게 기름을 부으심이라. 그가 나를 보내셨으니 이는 마음이 상한 자를 치유케 하시며, 포로들에게 구원deliverance 을 선포하고, 눈먼 자를 보게 하고, 짓밟힌 자들을 해방시켜 주고

예수께서는 어둠의 권세에 사로잡혀 있던 포로들에게 구원을 선포하고 새 생명을 주시기 위하여 이 땅에 오셨습니다. 위의 골로새서 말씀의 '건져내사'와 마찬가지로, 이 구절의 '구원'이라는 단어에도 "deliver"라는 영어 단어가 사용되었습니다. 이는 꺼내다take out, 구원하다save, 구출하다rescue from라는 의미입니다. 즉 사탄의 권세에 대해서 우리가 현재 거하고 있는 상태가 이러하다는 것입니다.

예전에 한 성도 분께서 몇 번의 접촉 사고를 경험하신 후 운전에 대한 두려움을 갖게 되어 상담을 요청하셨던 적이 있습니다. 외출 전에 핸들을 잡고 기도했는데도 또 사고가 났다며 어떻게 하면 좋겠냐는 것이었습니다.

문제는 운전하기 전에 기도를 했느냐 안 했느냐가 아닙니다. 우리는 자꾸만 행위나 현상에 집중합니다. 중요한 것은 상황을 대하는 우리의 심령입니다. 이미 두려움에 발판을 내어주고 "사고 안 당하려면 기도해야지."라는 마음으로 기도했다면, 원하는

결과를 얻기가 어려울 것입니다.

우선 "하나님, 제발 지켜 주세요! 사고가 안 나게 해 주세요!"라는 고백을 버리십시오. 대신 보호를 약속하신 성경 구절을 취하여 지속적으로 고백하십시오. 가장 먼저 잘못된 생각과 두려움으로부터 벗어나는 것이 중요합니다. 그래야 믿음을 발휘할 수 있기 때문입니다. 내 안의 두려움을 제거하고 믿음을 세우기 위해서 바른 고백과 선포를 유지하십시오. 하나님께서 어떤 분이신지, 그리스도 안에서 내가 누구인지, 사탄이 왜 나를 해할 수 없는지에 대해 말씀으로부터 취하여 큰 소리로 선포하십시오. 그리고 드디어 그 고백이 내 심령의 온전한 표현이 될 때, 즉 심령에 믿음이 충만하여져서 내가 하는 고백과 연합될 때, 비로소 그것이 결과를 생산하는 진짜 '믿음의 고백'이 되는 것입니다.

결국 모든 것은 안에서부터, 영에서부터 비롯됩니다. 우리의 중심인 영이 강건해지면 어떤 어려움이든지 능히 타개하고 벗어날 수 있습니다. "육신을 따르는 자는 육신의 일을, 영을 따르는 자는 영의 일을 생각하나니 육신의 생각은 사망이요 영의 생각은 생명과 평안이니라"(롬 8:5-6) 둘 중 어느 쪽을 선택할지는 우리에게 달렸습니다. 말씀이 아니라 감정이나 이성으로만 상황을 해석하기 시작한다면, 그것은 이미 육신의 문으로 발을 내딛는 것입니다.

상황에 따라 내가 변하는 것이 아니라, 나로부터 상황이 변화하는 것입니다. 염려나 두려움을 가지고 사건에 접근하기 시작하면,

이미 사탄에게 역사할 수 있는 틈을 내어준 것입니다. 사탄은 우리에 대해 강제적으로 역사할 수 있는 자격은 없지만, 우리가 허용한다면 얼마든지 틈탈 수 있습니다. 그러므로 담대함을 유지하면서 심령으로 믿는 진리를 선언해야 합니다. 그러면 상황은 반드시 변화합니다. 믿음의 기도는 반드시 역사하기 때문입니다.

갈 5:1
그리스도께서 우리를 자유롭게 하려고 자유를 주셨으니 그러므로 굳건하게 서서 다시는 종의 멍에를 메지 말라

하나님께서 우리를 자유롭게 하시려고 자유를 주셨습니다. 우리는 이미 자유케 되었습니다. 두 번째 아담이자 마지막 아담이신 예수 그리스도께서 그 일을 이루셨습니다. "하나님이 그[예수 그리스도]를 지극히 높여 모든 이름 위에 뛰어난 이름을 주사 하늘에 있는 자들과 땅에 있는 자들과 땅 아래에 있는 자들로 모든 무릎을 예수의 이름에 꿇게 하시고"(빌 2:9-10) 이제 하늘과 땅의 모든 것들이 합법적으로 예수님의 이름 앞에 무릎을 꿇게 되었습니다.

그러므로 예수 안에 있는 우리는 사탄보다 우세한 권세를 가지고 있습니다. 우리가 하나님의 생명과 본성으로 거듭난 새로운 피조물이라는 계시에 이르지 못했더라도, 자신이 예수 안에 속한 자라는 사실만 정확히 인식한다면, 사탄은 결코 나에게 손댈 수 없음을 확신하게 될 것입니다.

그리스도인도 귀신 들릴 수 있는가?

그렇다면 그리스도인에게 귀신이 들리는 것이 가능할까요? 우선 '귀신 들렸다'라는 말의 의미를 명확히 할 필요가 있겠습니다.

그리스도인이라 할지라도 아직 성장 과정에 있어 생각이 완전히 새로워지지 않은 경우에는 귀신으로부터 안 좋은 영향을 받을 수도 있습니다. 이로 인해 생각의 틈을 내어줄 수도 있고 질병의 공격을 받는 것도 가능합니다. 그러나 악한 영이 그리스도인의 영까지 사로잡아 버릴 수는 없습니다. 케네스 E. 해긴 목사님은 우리가 흔히 '귀신 들렸다'라고 표현하는 귀신의 영향력을 억눌림, 사로잡힘, 점령됨의 세 단계로 나누어 구분합니다.[1]

먼저 억눌림oppression이란, 감정이나 분위기를 통해 악한 영의 영향력을 받는 것입니다. 제가 사역을 시작한 지 얼마 되지 않았을 때의 일입니다. 성도님께서 본인의 친구를 전도하자고 하셔서 불신자 집에 함께 방문한 적이 있었습니다. 그분은 우상을 열심히 섬기는 분이셔서 집에 부적이 굉장히 많이 붙어 있었습니다. 그 집에 앉아서 기도를 하는데 갑자기 머리가 너무나 아파오기 시작했습니다. 제가 불신자이던 시절에는 편두통에 시달렸지만

---

[1] 이에 대한 더 자세한 설명은 케네스 E. 해긴 저, 『승리하는 교회』(믿음의 말씀사) 참조.

이후 거듭나고 믿음으로 치유한 후로는 재발한 적이 없었는데, 그때는 갑자기 머리가 아프기 시작하더니 그 집에서 나왔는데도 증상이 떠나지 않았습니다.

당시에는 제가 지금보다 말씀에 대한 계시가 없었기 때문에 막연히 방언으로 기도하면서 밤을 새웠는데, 아무 변화가 없었습니다. 그러다 문득 이것을 대적하여 쫓아야 한다는 깨달음이 왔고, 대적하는 기도를 시작하자 순간 시커먼 것이 훅 지나가더니 감쪽같이 나아진 적이 있습니다.

이와 같이 영적인 계시가 부족하고 연약할 때, 즉 사탄은 나에게 역사할 수 없다는 정확한 개념과 확신이 없을 때에는, 영적으로 어두운 장소에 가거나 갑자기 놀라거나 하는 경우 그런 분위기와 감정을 통해 순간적으로 악한 영의 영향을 받을 수가 있습니다. 그리고 그것은 감정적으로 불안과 두려움이 생기거나 또는 몸이 아프거나 하는 등 다양한 증상으로 나타나게 됩니다.

복음서에도 귀머거리 귀신이 들려서 귀가 먼 사람이 나옵니다. 병리학적으로 문제가 있어서 – 물론 이 또한 간접적으로 사탄의 역사이지만 – 귀가 들리지 않는 사람도 있지만, 귀신이 직접적으로 그 몸에 역사함으로써 그런 증상이 나타나는 사람도 있습니다. 그리스도인임에도 불구하고 악한 영이 들어와 암을 유발한다는 것도 가능한 이야기입니다. 거듭난 자라 할지라도 지식이 없으면 속을 수 있기 때문입니다.

그러나 이와 같이 악한 영의 영향을 받아 억눌렸을 경우에는 두려워하지 말고 어두움의 역사를 대적하고 쫓는다면 어렵지 않게 해결할 수 있습니다.

두 번째는 사로잡힘obsession입니다. 이는 억눌림에서 더 진전된 경우로서 나타나는 증상 자체는 억눌림과 비슷할 수 있지만, 사탄의 역사를 보다 적극적으로 받아들이고 있는 상태라 하겠습니다. 이런 경우에는 누가복음 11:24-26에서 귀신을 쫓은 후 심령에 말씀을 채우지 않고 방치하자 더 많은 귀신을 데리고 들어온 예와 같이, 악한 영을 쫓는다 하더라도 당사자의 생각이 말씀으로 변화되지 않았다면 그 귀신이 다시 공격해 올 때 그대로 받아들일 가능성이 높습니다.

그러므로 사로잡혔을 때에는 반드시 말씀으로 양육하고 지속적으로 세워줌으로써, 생각이 바뀌고 계시가 일어나 스스로 악한 영의 역사를 거절할 수 있도록 해야 합니다.

마지막은 점령됨possession입니다. 이는 영적인 영역까지 완전히 붙잡힌 것을 말합니다. 그러나 그리스도인에게는 이런 일이 일어날 수 없습니다. 그리스도인도 생각이나 육체의 영역에서 사탄의 영향을 받을 수는 있지만, 영은 예수 그리스도에게 속하든지 사탄에게 속하든지 둘 중 하나로서 양 쪽 모두에게 동시에 속하는 일은 있을 수 없기 때문입니다. 성령과 악령은 공존할 수 없으므로, 우리의 영에 귀신이 들어왔다면 이는 곧 성령이 없는 상태로서 이미 그리스도인이 아니라고 할 수 있습니다.

우리는 이미 그리스도 안에서 악한 영이나 어둠의 권세로부터 완벽하게 해방되었습니다. 다만 우리가 그 사실을 얼마나 알고 선포하고 믿느냐에 따라 사탄에게 얼마나 자리를 내어주느냐가 결정될 것입니다. 우리의 합법적인 신분은 이미 우세한 위치에 있음에도 불구하고, 여전히 '어떤 일을 하거나, 어떤 곳에 갔다 오면 꼭 귀신이 역사하더라'는 생각을 가지고 있다면 사탄은 그 잘못된 생각의 틈을 놓치지 않을 것입니다.

흔히 교회 안에서도 "은혜 받으려니까 마귀가 역사한다."라는 말을 하곤 합니다. 물론 현상적으로는 맞는 이야기입니다. 마귀는 우리가 은혜 받고 성장하는 것을 싫어하기 때문에 그런 때에 열심히 활동하여 흐름을 끊으려고 할 것입니다. 그러나 많이 경험해 온 일이라고 해서, 우리가 그것을 굳이 인정하고 고백할 필요는 없습니다. 우리가 그런 일을 당연하게 여기고 자리를 내어준다면, 사탄은 그만큼 자리를 차지하고 우리 삶 속으로 들어오려고 할 것입니다. 다른 예로 "예수 믿는 사람도 아프더라."라는 말도 마찬가지입니다. 안타깝게도 실제로 그런 그리스도인이 아직 많이 있다 하더라도, 그것은 하나님께서 말씀하시는 새로운 피조물의 실재와 일치하지 않는 현상입니다. 이런 잘못된 경험을 말씀보다 더 신뢰한다면, 그리스도인이라 할지라도 질병의 피해자가 될 것입니다. 눈에 보이는 현상을 모두 다 그대로 받아들이는 것은 믿음이 아닙니다. "우리가 주목하는 것은 보이는 것이 아니요 보이지 않는 것이니 보이는 것은 잠깐이요 보이지 않는 것은 영원함이라"(고후 4:18) 거듭난 의인은 하나님의 말씀의 진리를 믿는 믿음으로 살며 오직 믿음의 말만을 입에 담아야 합니다.

그러므로 영적으로 성장할수록 우리는 마귀의 공격에 보다 담대하고 적극적으로 대처해야 합니다. "이제 마귀가 역사할 때가 됐어."라고 두려워하면서 당하고 있는 것이 아니라, 그런 때를 감지하되 흐름이 바뀌도록 기도하고, 또한 내가 그 발판이 되지 않도록 주의하는 것입니다.

제가 목회를 하면서 겪어온 바로, 교회가 다음 단계로 나아가기 위해 새로운 것을 도입하려고 하면 영적인 방해가 일어나는 것을 보게 됩니다. 처음부터 싹을 자르지 않으면 교회 가운데 더 큰 열매와 발전이 있을 것을 알기 때문에 사탄도 자신이 가진 제한된 병력을 집중 동원하여 전략을 구사하는 것입니다.

목회 초기에 아직 대다수의 성도가 영적으로 어렸던 시기에는 공격이 있을 때마다 성도들이 힘들어하고 걸려 넘어지는 경우가 많았습니다. 영적인 흐름을 분별할 능력이 없기 때문에 눈에 보이는 상황이나 현상을 있는 그대로 받아들이고는 '요즘 교회 일이 왜 이렇게 힘들지?', '저 사람 때문에 교회 못 다니겠어.'라는 식으로 불만과 불화가 터져 나오기 시작하는 것입니다. 물론 근거가 전혀 없지는 않을 것입니다. 그러나 그럼에도 불구하고 평소에는 이해하고 품어 주었던 일들이 어느 순간 동시다발적으로 참을 수 없는 문제로 떠오르기 시작한다면, 그 배후에 영적인 공격이 있음을 감지해야 합니다.

교회 안에 어린 성도들이 대부분일 때는 이러한 부정적인 분위기가 쉽게 전파됩니다. 저의 목회 초기를 돌아보아도, 성도들끼리 말을 옮기는 네트워크가 매번 어찌나 한결같은지 제 눈에 훤히 보일 정도였습니다. 아마 사탄도 그러한 연약한 틈을 정확히 알기에 그 통로를 공략할 것입니다. 그래서 어린 성도들이 많은 교회일수록 사탄이 사용할 수 있는 어둠이 더 많기 때문에 자연히 문제와 분란이 더 많이 발생하게 됩니다.

그러나 성도들이 말씀 안에서 세워지고 성장하면 문제가 크게 확산되거나 확대될 일은 거의 없게 됩니다. 성도들이 스스로 영적인 흐름을 인식하고, 부정적인 이야기를 전해 듣더라도 본인은 반응하지 않고 그 이야기를 다음 사람에게 전하지 않음으로써 악한 연결고리를 끊어 주기 때문입니다.

또한 초기에는 교회 안의 영적인 공격에 대해서 목회자인 저 혼자 느끼고 기도해야 했지만, 이제는 성숙한 일꾼들이 많이 세워져 있기 때문에 그런 일이 있을 때 함께 나누고 대응할 수 있습니다. 사실 기도로 열심히 악한 영을 쫓는 것보다, 오히려 각자가 평강을 잃지 않고 자신의 자리를 지키며 해야 할 바를 지속하는 것이 더 효과적인 대응 방법입니다. 사탄은 걸려 넘어지기를 바라면서 건드려 보는데, 우리는 아무 일도 없는 것처럼 동요하지 않고 믿음의 말과 행동을 유지하고 있다면, 사탄의 공격 자체가 무색해지고 마는 것입니다.

그리스도인이 틈을 주는 이유

그리스도인이 어두움의 영향을 받는 이유는 무엇일까요? 주된 이유는 당연히 잘못된 정보로 인한 잘못된 생각과 말 때문입니다.

요삼 1:2
사랑하는 자여 네 영혼soul이 잘됨 같이 네가 범사에 잘되고 강건하기를 내가 간구하노라

위의 구절은 영혼이 잘됨같이 범사에 잘 되고 강건하기를 바란다고 말씀하고 있습니다. 그런데 사실 우리의 영은 이미 거듭날 때 온전해졌으므로 문제는 혼이라고 할 수 있습니다. 그리스도 안에서 내가 누구인지 알고, 말씀의 진리를 따라 온전히 기능함으로써 우리의 혼이 영과 조화를 이룬다면, 형통과 신성한 건강의 축복을 얻게 될 것입니다.

롬 12:2
너희는 이 세대를 본받지 말고 오직 마음mind을 새롭게 함으로 변화를 받아…

위 구절에서 말하는 '마음' 또한 우리의 심령heart이 아닌 혼mind적인 영역을 가리킵니다. 우리를 제한할 수 있는 것은

오직 우리의 생각뿐입니다. 새로운 피조물에게는 어떤 상황이나 환경도 변화시킬 수 있는 능력이 있기 때문입니다. 그러므로 당신의 삶의 범위를 확장하기 위해서는 먼저 생각을 바꾸어야 합니다.

"내 백성이 지식이 없으므로 망하는도다"(호 4:6) 그리스도 안에서 내가 누구인지를 모른다면, 예수께서 이미 다 이루신 일임에도 불구하고 우리는 그 혜택을 제대로 누리지 못하고 환경의 피해자가 될 수밖에 없습니다. 그러나 환경과 상관없이 "나는 사탄을 정복한 자이므로, 사탄은 나에게 역사할 수 없습니다!"라고 선포한다면, 그 진리의 말씀이 우리의 생각을 바꾸고 심령을 강건하게 하여 실재를 불러오게 될 것입니다.

흔히 빠지기 쉬운 "왜 이런 일이 나에게 생겼을까?"라는 생각은 실제로 그 이유를 정확히 알기도 어려울뿐더러, 문제 해결에 아무런 도움이 되지 못합니다. 다만 확실한 것은 나에게는 이 환경을 이길 수 있는 능력이 있고, 또 반드시 이겨야만 한다는 사실입니다. 성경에서 말씀하는 대로 "나는 정복자보다 나은 자이다. 나는 어떤 상황에서도 승리하는 자이다."라는 말씀을 붙잡고 나아가다 보면, 드디어 환경이 말씀의 관점에서 해석되기 시작할 것입니다. 우리 삶에 어려움이 전혀 없어도 좋겠지만, 더 좋은 것은 어려운 상황을 이기고 한 단계 더 높은 차원으로 성장하는 것입니다.

재정 분야의 예를 들어 봅시다. 처음부터 부모님으로부터 많은 재산을 상속받는 것은 좋은 일이지만, 그렇게 아무 어려움 없이 그저 누리기만 했던 사람이라면 갑자기 재정이 악화되는 상황이 발생할 경우 그러한 큰 도전에 대처할 믿음을 발휘하기가 어려울 것입니다. 그러나 스스로 부요와 형통에 대한 말씀을 붙잡고 믿음의 도전을 함으로써 하나님의 능력을 체험한 사람이라면, 재정 분야에 관한 한 어떤 도전적인 상황이 온다고 해도 두려움 없이 극복할 수 있을 것입니다.

일부러 고난을 선택하거나, 또는 하나님께서 고난을 주셔서 우리를 단련하신다고 오해할 필요는 없습니다. 그러나 우리는 고난을 두려워하지도 않습니다. 그것들이 결코 우리를 넘어뜨리거나 해할 수 없음을 알기 때문입니다. 이스라엘 민족도 가나안 땅을 정복하기까지 상황이나 그들의 약점을 통해 많은 어려움을 겪었지만, 하나님께서는 항상 그들에게 자신의 존재를 증명하시고 체험하게 하셨습니다. 하물며 거듭나서 하나님의 본성과 능력을 가진 새로운 피조물이라면 절대로 환경의 피해자가 될 수 없습니다.

그러므로 우리가 할 일은 잘못된 정보를 색출하여 제거하고 하나님의 말씀으로 마음을 새롭게 하는 것입니다. 잘못된 정보와 잘못된 생각을 많이 가지고 있을수록 하나님께서 주신 축복을 누리는데 방해가 됩니다. 또한 결정적으로, 잘못된 생각은 잘못된 말과 행동을 낳음으로써 우리의 삶에 잘못된 결과를 가져옵니다.

때로는 순간적으로 낙심하는 마음이 들어올 수도 있습니다.

그럴 때는 즉시 인식하고 거절하는 것이 중요합니다. 잘못된 생각이 떠오르는 것은 있을 수 있는 일이지만, 그것을 실제로 말이나 행동으로 표출하는 것은 우리의 선택에 달려 있기 때문입니다. 그렇게 매 순간 바른 것을 택하기를 훈련함과 동시에, 근본적으로는 지속적으로 진리의 말씀을 먹음으로써 생각의 체질을 바꾸어야 합니다.

특히 정죄감은 우리가 거절해야 할 대표적인 잘못된 감정입니다. '내가 이런 일을 잘못했으니까 반드시 마귀가 역사할거야.'라는 생각을 버리십시오. 그것은 의인의 사고방식이 아닙니다. 하나님께서는 당신의 죄를 보지 않으시며, 마귀 또한 그것을 가지고 당신을 정죄하거나 공격할 법적 권세를 가지고 있지 않습니다. 죄를 저질렀다면 하나님 앞에 회개하고 즉시 빠져나오십시오. 그 문제가 계속해서 당신을 붙잡아두도록 허용하지 마십시오.

우리는 사탄의 모든 권세로부터 해방되었습니다. 구약에 빗대어 말하자면, 우리는 이미 해방되어 가나안 땅으로 들어왔기 때문에 애굽이나 바로왕의 권세는 우리에게 아무런 영향을 미칠 수 없습니다. 우리는 흑암의 권세로부터 건짐 받아 하나님의 사랑의 아들의 나라로 옮겨졌습니다. 우리는 마귀에게 속한 자가 아니라 하나님께 속한 자입니다. 우리는 마귀와 아무런 상관이 없으며, 그들은 나에게 역사할 아무런 근거도 가지고 있지 않습니다. 주님을 찬양합니다!

 **고백**

- 나는 내가 누구인지 압니다. 나는 하나님의 자녀입니다. 나는 예수님과 함께 공동상속자입니다.
- 이 세상의 모든 것은 예수 이름에 복종해야 합니다.
- 나는 사탄을 이긴 자입니다. 예수님께서 나를 흑암의 나라에서 건져내셔서 사랑의 아들의 나라로 해방하셨습니다. 이제 마귀는 나와 상관없는 자입니다. 사탄은 내 삶의 어느 영역에서도 역사할 수 없습니다. 내 삶의 어느 영역에서든 사탄의 역사는 불법임을 선포합니다.
- "사탄아, 나사렛 예수 이름으로 명하노니 내게서 떠나가라."

제5장

치유와 건강은 나의 것입니다

다섯 번째 복음의 신조입니다. "치유와 신성한 건강은 나의 것입니다."

우선 명확히 할 것은, 증상 자체가 질병의 본질은 아니라는 점입니다. 예를 들어 머리가 아프거나 열이 나거나 콧물이 흐르는 증상을 보고 우리는 '감기에 걸렸다'고 표현하는데, 사실 증상은 질병에 따른 우리 몸의 반응일 뿐입니다. 이때 우리가 영의 영역에서 근본적으로 다루어야 할 것은 증상이 아니라 질병의 실체, 구체적으로 이야기하면 감기 바이러스이며 증상은 질병이 해결되면 자연스럽게 떠나가게 되어 있습니다. 그러므로 증상을 보면서 '아직 콧물이 흐르는 걸 보니 안 나았구나.' 하는 식으로 치유 여부를 판단할 것이 아니라, 증상과 상관없이 영적인 영역에서 질병을 다루고 나은 줄로 믿어야 합니다.

아담의 타락으로 인해 질병이 들어왔다

질병은 사망과 한가족입니다. 질병으로부터 사망이 시작되기 때문입니다. 하나님께서 태초에 아담과 하와를 창조하셨을 때는 질병이 전혀 없었습니다. 그러나 아담의 타락의 결과로 인간의 몸에 질병이 들어오게 되었습니다. 아담이 죄를 범하여 사탄의 권세에 속하게 됨으로 말미암아 사망이 인간에게 들어오고, 질병과 가난 등 사망의 열매들도 함께 따라온 것입니다. 실상 질병은 영적인 것이며, 사망 권세를 잡은 자인 사탄으로부터 말미암은 것입니다.

> 롬 5:17
> 한 사람의 범죄로 말미암아 사망이 그 한 사람을 통하여 왕 노릇 하였은즉 더욱 은혜와 의의 선물을 넘치게 받는 자들은 한 분 예수 그리스도를 통하여 생명 안에서 왕 노릇 하리로다

한 사람, 즉 아담의 범죄로 말미암아 죄와 사망의 법칙이 인간을 다스리게 되었습니다. 그러나 감사하게도, 이제 거듭나서 은혜와 의의 선물을 넘치게 받고 하나님의 자녀가 된 우리에게는 생명 안에서 왕 노릇 할 수 있는 길이 열렸습니다. 예수님께서 오셔서 아담이 저지른 모든 문제를 완벽하게 회복하고 해결하셨기 때문입니다.

질병은 하나님의 뜻이 아니다

질병은 인간을 향한 하나님의 계획이 아닙니다. 하늘나라에는 어떤 질병도 없습니다. 아담의 범죄로 인해 이 땅에는 질병이 들어왔지만, 하나님은 여전히 우리를 치유하기 원하시고 우리가 건강하기를 바라시며, 그렇기 때문에 예수 그리스도를 보내셔서 해결책을 제시하셨습니다.

다시 말하지만 질병은 하나님으로부터 오는 것이 아닙니다. 이 사실에 대해 조금의 의심도 있어서는 안 됩니다. '그래도 하나님께서 질병을 주시는 경우도 있긴 하겠지.'라는 생각을 갖고 있다면, 그 작은 틈 때문에 치유를 받기가 어려워집니다. 우리가 흔히 "영적 전쟁"이라고 하는 것은 실제로는 마귀와의 싸움을 말하는 것이 아닙니다. 예수님께서는 이미 모든 싸움을 싸우시고 완벽하게 승리하셨으며, 마귀는 이제 완전히 무장 해제되고 패배한 적이 되었습니다. 그것을 우리가 또 다시 대적해서 싸울 필요는 없습니다. 우리가 할 일은 다만 예수님께서 이루신 일을 취하고 차지하는 것뿐이며, 그래서 우리가 싸울 싸움은 오직 "믿음의 선한 싸움"뿐입니다.

그러므로 진짜 대적은 마귀도 질병도 아닌 내 안의 잘못된 생각들입니다. 우리 삶에 여전히 어두움의 영향력이 역사하고 있다면, 이는 어떤 식으로든 우리가 허락했기 때문입니다. 우리의 잘못된 생각과 태도들이 사탄에게 합법적으로 역사할 수 있는 발판을 준 것입니다. "모든 이론을 무너뜨리며 하나님 아는 것을 대적하여 높아진 것을 다 무너뜨리고 모든 생각을 사로잡아 그리스도에게 복종하게 하니"(고후 10:4-5) 내가 가진 모든 개념과 경험과 정보들이 말씀으로 교정되어 그리스도께 복종하게 되면, 우리는 비로소 영적 전쟁에서 승리하고 그 결과를 삶에서 맛보게 될 것입니다.

그러므로 건강 분야에 관한 한 "하나님은 선하시고, 어떤 경우에도 나에게 질병을 주지 않으신다."라는 진리로 철저히 무장하고, 어떠한 틈도 주지 마십시오.

하나님께서 우리에게 징계나 교훈을 주시기 위해 질병과 고난을 사용하신다는 것도 틀린 말입니다. 하나님은 자녀를 훈련시키기 위해 질병을 사용하지 않으십니다. 실제로 질병을 통해서 자신의 잘못을 깨닫고 목회자로 헌신했다거나 하는 간증이 많이 있습니다. 물론 그분들이 받은 인도가 잘못되었다는 의미는 결코 아닙니다. 그런 어려움을 통해서 심령이 절박해지고 하나님을 더 찾게 되어서, 성령님의 조명하심에 따라 새로운 계시를 받는다거나 부르심을 발견하는 일은 충분히 가능합니다. 그러나 그것은 어떠한 악한 상황일지라도 선하게 바꾸어 주시는 하나님의 은혜이지, 그런 결과를 얻기 위해서 하나님께서 처음부터 일부러 질병을 주셨다는 것은 잘못된 해석입니다.

흔히 이러한 생각을 뒷받침하기 위해 바울의 "육체의 가시"(고후 12:7-10)를 증거로 듭니다. 그러나 이는 육체적인 질병이

아니라, 복음 전파를 방해하기 위해 환경으로부터 오는 핍박과 고난을 말하는 것입니다.[2]

> 눅 13:14-16
> 회당장이 예수께서 안식일에 병 고치시는 것을 분 내어 무리에게 이르되 일할 날이 엿새가 있으니 그동안에 와서 고침을 받을 것이요 안식일에는 하지 말 것이니라 하거늘 주께서 대답하여 이르시되 외식하는 자들아 너희가 각각 안식일에 자기의 소나 나귀를 외양간에서 풀어내어 이끌고 가서 물을 먹이지 아니하느냐 그러면 열여덟 해 동안 사탄에게 매인 바 된 이 아브라함의 딸을 안식일에 이 매임에서 푸는 것이 합당하지 아니하냐

예수님께서는 허리가 굽은 여인을 치유하시면서, 이 병의 원인은 사탄의 속박 때문이며 그 속박을 풀어 주는 것이 마땅하다고 말씀하셨습니다. 질병은 사탄이 주는 것이며, 하나님은 그것을 치유하시는 분이십니다.

---

2) 이에 대해서는 "신유"를 주제로 한 믿음의 말씀 계열의 여러 책에서 다루고 있으므로, 여기에서는 자세한 설명을 생략한다. [예: 『예수-치유의 길, 건강의 능력』(믿음의 말씀사, 2010), pp. 170-176 외 다수]

신성한 건강은 우리의 생득권이다

신성한 건강은 우리의 생득권birth-right, 즉 우리가 하나님 나라에서 하나님 자녀로 다시 태어나면서부터 얻게 되는 권리입니다. 부잣집의 자손이 태어나면서 많은 혜택과 권리를 가지듯이, 우리가 하나님의 자녀로서 얻게 되는 권리 중에 신성한 건강도 포함되어 있는 것입니다.

사 53:5
그가 찔림은 우리의 허물 때문이요 그가 상함은 우리의 죄악 때문이라 그가 징계를 받으므로 우리는 평화를 누리고 그가 채찍에 맞으므로 우리는 나음을 받았도다

벧전 2:24
친히 나무에 달려 그 몸으로 우리 죄를 담당하셨으니 이는 우리로 죄에 대하여 죽고 의에 대하여 살게 하려 하심이라 그가 채찍에 맞음으로 너희는 나음을 얻었나니

2,000년 전에 값은 이미 지불되었고, 질병에 대한 대책도 이미 예비 되었습니다. 이 문제를 해결하기 위해서 우리가 무엇을 더 잘 해야 하거나 더 노력할 것은 없습니다. 그래서 우리가 받은 말씀을 은혜의 말씀이라고 합니다. 다만 이미 이루어진 그것을

당신의 삶에 실재로서 불러 오는 일이 남아있을 뿐입니다.

그래서 오히려 오래 믿은 신자보다, 잘못된 전통을 덜 접한 초신자들이 치유를 더 잘 경험하는 것 같습니다. 저의 경우에도 말씀을 가장 먼저 실제로 경험한 것이 치유 분야였습니다. 저는 어려서부터 몸이 약한 편이었고, 결혼 후에도 위장병과 편두통을 달고 살았습니다. 당시에는 예수를 믿지도 않았고 그런 상황이 크게 문제라고 생각지도 않았습니다. 그저 항상 진통제를 가지고 다니면서 증세가 좀 심해지면 자연스럽게 약을 꺼내 먹곤 했습니다.

그러다가 예수를 영접한지 몇 달 되지 않아 케네스 E. 해긴 목사님의 『믿는 자의 권세』를 읽게 되었고, 두 가지를 깨달았습니다. 첫 번째는 '값은 이미 지불되었다' 는 것이었습니다. 위의 말씀처럼, 예수님께서 이미 모든 값을 치르셨으므로 나는 더 이상 아플 필요가 없다는 것을 알게 된 것입니다. 예수님께서 2,000년 전에 이루신 구원을 지금 믿고 받아들이면 그 순간 구원을 받는 것과 같이, 마찬가지로 예수님께서 채찍에 맞으심으로 내가 나았다는 사실을 믿고 받아들인다면 그 순간 치유를 얻게 될 것이라는 믿음이 생겼습니다.

두 번째는 '증상이 떠나서 믿는 것이 아니라, 믿기 때문에 증상이 떠난다' 는 것이었습니다. 위에서도 언급한 바와 같이, 보통은 증상과 질병을 같은 것으로 여기기 때문에 믿음으로 기도 하다가도 증상에 변화가 없으면 "에이, 안 나았네!"하면서 이내

포기해 버리는 경우가 많습니다. 그러나 다행히 저는 해긴 목사님의 간증을 통해서 느껴지는 증상과 상관없이 하나님의 말씀을 믿고 믿음대로 행하면 증상은 결국 사라질 수밖에 없다는 것도 함께 깨달았습니다.

그래서 저는 편두통을 해결하기 위해 스스로 제 머리에 손을 얹고, "이 시간 이후로 이 질병이 내 안에 머물러 있는 것을 허락하지 않는다!"라고 선언했습니다.

그렇게 바로 깨끗이 나았다면 얼마나 좋았을까요. 그러나 믿음으로 선포한 후에도 상황은 전혀 달라지지 않았습니다. 그래도 두 가지 계시로 인해서 저는 흔들리지 않을 수 있었습니다. 그리고 며칠이 지나니 약을 먹지 않고는 결코 없어지지 않던 증상이 자연히 사라진 것을 발견했습니다.

물론 그 후에도 한 번씩 증상이 다시 나타나는 경우가 있었습니다. 그럴 때 "나은 줄 알았는데 아니었구나!"라고 생각한다면, 질병을 향해 다시 문을 열어주고 마는 것입니다. "네가 아무리 다시 찾아와도 나는 문을 열어주지 않는다. 나는 너를 인정하지 않는다. 너는 내 안에 들어올 수 없다!" 이와 같은 믿음의 고백을 유지하면서 계속해서 질병을 대적하고 증상을 거절한다면 결국 어떤 질병이든 완전히 떠날 수밖에 없습니다.

이렇게 첫 번째 치유를 경험한 이후, 거듭난 나의 정체성을 더 잘 알게 되고 하나님의 평강 안에 거하게 되면서 위장병도 자연스럽게 사라졌습니다. 이후에도 감기와 같은 일상적인 질병은 거의 걸리지 않게 되었고 가끔 증상이 찾아오더라도 믿음으로 대적하고 승리하여 이제는 신성한 건강을 누리며 살고 있습니다.

치유와 신성한 건강은 거듭난 우리의 생득권입니다. 그러나 그것이 삶에 저절로 나타나는 것은 아닙니다. 먼저 이 사실을 알아야 하고, 또 그 지식을 가지고 믿음을 발휘해야 합니다. 그리고 한 번에 모든 질병을 다룰 수 있는 것도 아닙니다. 하나님께서 보시기에는 암이나 감기나 다 마찬가지이지만, 우리가 그에 대해 발휘할 수 있는 믿음의 수준은 분명 다르기 때문입니다.

그러나 우리의 믿음의 싸움은 이길지 질지 알 수 없는 도박이 아니라, 반드시 이길 수밖에 없는 경기입니다. 하나님께서는 우리가 불확실한 승리를 얻기 위해 애쓰고 노력하게 하지 않으시고, 확증된 승리를 주시고 다만 그것을 취하기만 하면 되도록 만드셨습니다.

이제 질병이 찾아올 때 "하나님, 낫게 해 주세요."라는 말은 하지 마십시오. 그렇다고 "나는 안 아프다. 콧물이 흐르지 않는다."라고 무작정 부인하거나, "떠나갈지어다, 떠나갈지어다!"라고 입으로만 공허하게 외치는 것도 효력을 내기 어렵습니다. 말씀을 붙잡고, 내 안에 있는 치유의 기름부음을 인식하여 풀어내십시오. 방언으로 기도함으로 성령의 능력을 일으키고 믿음을 합하여 선포하십시오. "보이는 것은 나타난 것으로 말미암아 된 것이 아니니라"(히 11:3) 그렇게 말씀의 진리가 눈에 보이는 사실을 압도할 때, 초자연적인 치유의 기름부음이 세상의 현상보다 우세해질 때, 참으로 질병이 떠나가고 당신은 치유와 건강이라는 생득권을 실제로 누리게 될 것입니다.

신성한 건강이 가장 좋은 것이다

우리가 영적으로 어릴 때에는, 질병이 찾아오면 쫓고 회복되는 경험을 많이 하게 됩니다. 그러나 사실 치유보다 더 좋은 것은 신성한 건강입니다. 아팠다가 낫는 것도 감사하지만 우리를 향한 하나님의 온전한 계획은 아예 질병과 상관없이 항상 신성한 건강을 누리는 것이며, 영적으로 성장하면 성장할수록 그러한 삶이 우리에게 실재가 됩니다.

요삼 1:2 (한글킹제임스)
사랑하는 자여, 무엇보다도 네 혼이 잘됨같이 네가 번성하고
강건health하기를 바라노라.

대부분의 한글 성경에서는 위 구절을 "사랑하는 자여 네 영혼이 잘됨 같이…"라고 번역하고 있습니다. 그래서 많은 분들이 이를 '우리 영이 먼저 잘 되어야 한다'는 의미로 이해하는 경우가 많습니다. 그러나 킹제임스 성경에서는 정확하게 "혼이 잘됨같이"라고 적습니다.

하나님의 본성으로 거듭난 우리의 영은 이미 온전해졌습니다.

문제는 우리의 변화되지 않은 혼입니다. 그러므로 혼이 잘 되어서 하나님의 말씀을 따라 제대로 기능한다면, 말씀에서 말하는 부요와 건강을 충분히 누리게 될 것입니다. 결국 삶의 모든 것이 우리의 혼이 얼마나 말씀과 일치하느냐에 달려 있다는 것입니다.

그리스도인이 왜 병에 걸리는가?

그런데 그리스도인이 왜 병에 걸리는 것일까요? 하나님께서 인류를 위해 이루신 속량사역은 완벽했을지라도, 그것은 오직 받아들이는 자에게만 실재가 됩니다. 하나님께서 과거에 이미 합법적으로 이루어 놓으신 모든 유익과 권세를, 당신이 지금 현재 취하여 실제적으로 누리는 과정이 필요한 것입니다. 이는 거듭남은 물론, 치유를 비롯한 삶의 모든 영역에 해당되는 원리입니다.

그리스도인, 특히나 신앙이 좋고 신실하다고 인정받는 성도들이 질병으로 고통 받는 것을 볼 때 우리는 많은 의문을 품게 됩니다. 사실상 어떤 사람은 상대적으로 체질이 건강하고, 또 어떤 사람은 약합니다. 각자의 환경이나 유전적 특징이 다르기 때문입니다. 그렇다면 아무래도 약한 사람이 질병에 걸릴 확률이 더 높을 것입니다.

그런데 그리스도인으로서 체질과 상관없이 건강을 유지하기 원한다면, 반드시 적절한 영적 대비를 해야 합니다. 바로 신성한 건강이 자신의 생득권임을 알고 그에 대한 진리로 무장함으로써 질병의 공격을 막는 것입니다. 이러한 방비가 이루어지지 않은 사람은 그가 그리스도인이라 할지라도, 치유 분야에 관해서는 자연적인 영역에 그대로 노출되어 있기 때문에 체질을 따라 환경을 따라 이러저러한 질병을 겪으며 살게 될 것입니다.

사실 다른 분야도 마찬가지입니다. 사람들은 모두 다양한 배경을 갖고 있어서 분야별로 각자의 시작점이 다릅니다. 재정 분야를 예로 들면, 어떤 사람은 그리스도인이지만 가난한 집에서 태어나서 부요의 계시가 열리는데 시간이 오래 걸리는 경우가 있고, 반대로 예수는 믿지 않지만 어려서부터 유복한 환경에서 자라 이미 부요한 자의 사고방식을 가진 사람이 있습니다. 이런 다양한 차이들을 고려하지 않고 단지 "예수 믿는데 왜 그럴까?"라는 말 한마디로 현상을 판단해버릴 수는 없는 일입니다.

분명한 것은 그리스도인이라면 신성한 건강 가운데 살아야 하며, 질병은 치유되어야 한다는 사실입니다. 사도 바울이 독사에 물렸음에도 아무런 해를 받지 않았던 것처럼, 우리 안에 있는 하나님의 생명과 초자연적인 기름부음을 활성화시킴으로써, 자연법칙을 능가하는 성령의 삶, 능력의 삶을 살아야 합니다. 내가 악한 상황을 겪는다고 해서 하나님의 진리가 변하는 것은 아닙니다. 상황과 상관없이 진리를 붙잡고 있다면, 당장은 아닐지라도 마침내 생명이 역사하게 되고 하나님께서 예비하신 대로의 건강한 삶을 살게 될 것입니다. 이것이 우리가 기본적으로 가져야 할 접근 방식이며 태도입니다.

지식의 부족

다른 모든 영역과 마찬가지로, 그리스도인이 질병에 걸리는 가장 대표적인 이유는 신성한 건강과 치유에 대한 지식이 없기 때문입니다. 이는 신앙생활을 오래한 것이나 신실한 것과는 별개의 문제입니다.

호 4:6(한글킹제임스)
내 백성이 지식의 부족으로 멸망하는도다.

하나님께서는 처음에 우리를 새로운 피조물로 만드실 때 우리로 하여금 모든 면에서 왕 노릇하고 다스리도록 만드셨습니다. 그러나 정작 우리가 이 사실을 모른다면 아무 소용이 없습니다. 물론 알면서도 활용하지 못하는 경우도 있겠지만, 가장 일차적인 문제는 무지함입니다.

저 같은 경우에도 과거에는 건강에 대한 자신감이 전혀 없었습니다. 나는 항상 아플 수 있다고 생각했고 실제로도 거의 항상 아팠습니다. 그러나 치유의 말씀을 듣고 경험하면서 지금은 어떤 증상이 오더라도 쫓아낼 수 있다는 확신이 있고, 제 안에 생명이 살아 역사하는 것을 항상 느끼고 있습니다. 그러나 제가 치유에 대한 말씀을 알지 못했다면 아무리 신앙생활을 열심히 했다한들 이런 근본적인 변화는 일어나지 않았을 것입니다.

주의 몸을 분별치 못함

그리스도인이 질병에 걸리는 다른 이유는 주의 몸을 분별하지 못했기 때문입니다.

고전 11:27-30 (한글킹제임스)
그러므로 누구든지 합당치 않게 이 빵을 먹고 주의 이 잔을 마시는 자는 주의 몸과 피에 대해 죄를 짓는 것이라. 사람이 자신을 살펴보고 나서 그 빵을 먹고 그 잔을 마셔야 하리니 이는 주의 몸을 분별하지 못하고 합당치 않게 먹고 마시는 자는 자신의 저주를 먹고 마시는 것이기 때문이라. 이 때문에 너희 가운데 많은 사람이 약하고 병들었으며 상당수가 잠들었느니라.

흔히 이 구절을 근거로, 스스로 되돌아볼 때 잘못한 것이 있거나 회개를 하지 않은 성도들은 성찬식에 참여하기에 '합당하지' 않다고 생각하여 삼가는 경우가 있습니다. 그러나 이와 같이 '죄를 짓고 성찬식에 참여하면 안 된다. 그렇지 않으면 병에 걸릴 수 있다.'라는 해석은 행위 중심의 율법적인 접근에 의한 것으로, 새로운 피조물의 계시에 비추어 볼 때 정확한 해석이라고 보기는 어렵습니다. 거듭난 자는 그 본성이 변화되어 모두 의인이 되었으므로, 하나님의 눈에는 우리 믿는 자 가운데 성찬에 참여하기에 합당치 못한 죄인이 아무도 없습니다.

그렇다면 이 구절을 어떻게 이해해야 할까요? 앞 구절을 좀 더 살펴보겠습니다.

고전 11:23-26 (한글킹제임스)

내가 주께로부터 받은 것을 너희에게 전달해 주었나니 이는 주 예수께서 넘겨지시던 그 밤에 빵을 가지고 감사를 드린 후 떼어 말씀하시기를 "이것은 너희를 위하여 쪼개진 나의 몸이니 받아 먹으라. 이것을 행하여 나를 기억하라."고 하셨으며 식후에도 이와 같이 잔을 가지고 말씀하시기를 "이 잔은 나의 피로 된 새 언약이라. 이것을 행하여 너희가 마실 때마다 나를 기억하라."고 하신 것이라. 너희가 이 빵을 먹고 이 잔을 마실 때마다 주의 죽으심을 그분의 오실 때까지 선포하는 것이라.

성찬식은 예수님의 피와 살을 상징하는 잔과 떡을 나눔으로써, 예수님께서 피 흘리시고 살이 찢기셨던 십자가 고난을 기억하고 기념하는 자리입니다.

그러나 떡과 잔을 나누어 먹는 것에는 더 큰 의미가 있습니다. 우리가 어떤 음식을 먹으면, 그 음식물은 더는 분리할 수 없이 내 몸과 하나가 됩니다. 성찬식이 가지는 영적 의미도 이와 같습니다. 예수님의 피와 살을 상징하는 잔과 떡을 먹는 것은 내가 예수님과 온전히 하나가 되었음을 상징하며, 뿐만 아니라 예수의 몸을 쪼개서 다른 성도들과 나누어 먹는 것은 그들과도 그리스도 안에서 한 몸이 되었음을 의미합니다. 그러므로 '주의 몸을 분별하지 못하고 합당치 않게 먹고 마신다'는 구절은 그리스도의 몸 전체의 차원에서 접근해야 정확한 의미에 도달할 수 있습니다.

고전 10:16-17, 11:17-18, 12:11-13, 27 (한글킹제임스)
우리가 축복하는 이 축복의 잔은 그리스도의 피의 교제가 아니며 우리가 떼는 이 빵은 그리스도의 몸의 교제가 아니냐? 이는 우리 많은 사람이 한 빵이요, 한 몸이기 때문이며 우리가 모두 그 한 빵에 참여하기 때문이라. … 이제 내가 너희에게 명하고자 하는 이것에 관해서는 너희를 칭찬하지 아니하노니 이는 너희가 함께 모이는 것이 유익하기보다는 해로움이라. 먼저, 너희가 교회에 함께 모일 때 너희 가운데 분열이 있다고 들었는데 나도 그 일부는 믿노라. … 그러나 이 모든 일[성령의 은사]은 한 분이신 같은 성령께서 역사하시어 그분께서 원하시는 대로 각 사람에게 나누어주시느니라. 몸은 하나인데 많은 지체가 있고 한 몸에 지체는 많아도 모두 한 몸인 것처럼 그리스도께서도 그러하시니라. 유대인이나 이방인이나, 종이나 자유인이나 한 성령에 의하여 우리 모두가 한 몸 안으로 침례를 받았으며 또 모두가 한 성령 안으로 마시게 되었느니라. … 이제 너희는 그리스도의 몸이요, 개별적으로는 그 지체들이라.

위와 같이 고린도전서의 앞뒤 문맥을 보면 교회가 한 몸인 것과 연합 가운데서 기능하는 것에 대해 반복해서 말하고 있으며, 특히 성찬식에 대해 본격적으로 말하기 전인 11:17-19에서는 교회 안에서 분열하는 문제에 대해서 직접적으로 지적하고 있습니다. 따라서 "주의 몸을 분별하지 못하고 합당하지 않게 먹고 마신다"라는 말은 단지 성찬식 참여 자격에 국한되는 내용이 아니라, 그리스도 안에서 한 몸으로 기능하는 데 방해가 되는 잘못된 태도를 이야기하는 것입니다. 즉 교회 안에서 지체들 간에 한 몸이 된 것을 인식하지 못한 채 분열을 일으키고 서로 비방하고 용서하지 못한다면, 상대에 대한 저주를 결국 그와 한 몸인 내가 먹고 마시는 것과 같고, 그러한 쓴 뿌리가 사탄으로 하여금 질병과 사망으로 역사할 수 있는 발판을 내어주게 되는 것입니다.

실제로 교회 안에서 분열을 일으키는 사람들이 좋지 않은 결과를 얻게 되는 경우가 많은 것 같습니다. 예수님께서 자신의 몸을 찢으심으로 이미 한 몸으로 만드신 교회 안에서 편을 가르고 분쟁하고 권위에 대적함으로써 해를 끼친다면 이는 하나님께서 보시기에 악한 일임이 틀림없습니다.

그러나 그렇다고 해서, 그런 사람들이 좋지 않은 결과를 얻게 되는 현상을 "하나님께서 치셨다"라고 해석해서는 곤란합니다. 우리는 모든 일을 새로운 피조물의 계시라는 빛 가운데 바라보고 원리를 이해해야 합니다. 분란을 일으키는 심령은 어둡고 상한 영으로서, 그러한 영은 사탄의 역사를 불러들이게 됩니다. 즉 그가 잘못된 심령으로 인해 사탄에게 문을 열어 준 것이지, 하나님께서 직접 심판하셨다는 식의 해석은 신약의 계시 안에서는 정확한 것이 아닙니다.

그러므로 우리는 항상 바른 심령을 유지하면서, 교회 안에서 연합하여 한 몸으로 기능하는 것에 대해 철저히 훈련되어야 합니다. 이는 다른 교회와의 관계에서도 마찬가지입니다. 하나의 지역교회가 머리이신 예수 그리스도 아래 담임 목사를 중심으로 한 몸을 이루듯이, 교계 전체를 보면 각 지역교회 또한 지체로 모여 하나의 몸을 이루고 있습니다. 그러므로 계시가 조금 다르다고 해서 다른 교회를 배척하거나 이웃 교회끼리 서로 경쟁한다면 이 또한 '주의 몸을 분별하지 못하고 합당하지 않은' 태도라고 하겠습니다.

하나님께서 교회를 '인간의 몸'에 비유하신 것은, 한 마디로 우리가 개별적으로는 결코 존재할 수 없음을 말하는 것입니다. 일부분이 상하고 제 기능을 못하더라도 생명에는 지장이 없을 수 있겠지만, 나머지 지체가 그 역할을 분담하는 등 몸은 어떤 형태로든 반드시 영향을 받게 됩니다.

저의 경우, 평소 성도들이나 다른 교회에 대해서 항상 좋은 눈으로 바라보고 축복해야 한다는 개념을 이미 가지고는 있었지만, 성령님의 조명하심으로 이 부분에 관한 계시가 열리자 하나님께서 교회 전체를 바라보시는 관점을 확실히 이해하게 되었습니다. 우리는 같은 교회 안의 성도들을 대하거나 다른 교회를 볼 때에, 그리스도 안에서 한 몸이 된 것을 인식하고 주의 몸을 분별함으로써 영혼육 간에 하나님께서 주신 신성한 건강을 누려야 하겠습니다.

잘못된 고백

의식적이든 무의식적이든 우리가 하는 잘못된 고백도 질병의 원인이 됩니다.

잠 18:21(한글킹제임스)
죽는 것과 사는 것이 혀의 권세에 있나니, 혀를 사랑하는 자는
그 열매를 먹으리라.

특별히 새로운 피조물이 하는 믿음의 말은 굉장한 능력을 가지고 있습니다. 그런데 잘못된 것을 계속해서 말한다면 정말로 그와 같은 부정적인 실재를 불러오게 됩니다.
"나는 오래 살고 싶지 않아.", "난 왠지 건강하게 살기는 힘들 것 같아."라는 직접적인 말들은 물론이거니와, 우리의 일상적인 언어습관을 살펴보면 의외로 부정적인 요소들이 녹아있는 경우가 많습니다.
예를 들어, 음식을 먹을 때 "이 음식은 뭐가 안 좋대." 또는

"나는 사실 이런 거 먹으면 안 되는데."라고 말하면서 먹는 경우가 있습니다. 물론 사람에 따라 좋고 나쁜 음식을 가려 먹을 수는 있지만, 어차피 먹고 있는 음식에 대해 그런 고백을 한다면 이는 실제로 독을 먹는 것과 같습니다. 본인이 그렇게 믿고 말하고 먹었기 때문입니다. 그런 음식은 차라리 먹지 마십시오. 아니면 하나님께서 주신 것은 무엇이라도 기도하고 감사함으로 먹으면 거룩해진다는 것을 믿고 먹으십시오. "하나님께서 지으신 모든 것이 선하매 감사함으로 받으면 버릴 것이 없나니 하나님의 말씀과 기도로 거룩하여짐이라"(딤전 4:4:-5)

세상에서는 정보 전달이라는 이유로 어떤 사건이나 대상의 부정적인 효과를 꼭 이야기하기를 좋아합니다. 그러나 경우에 따라서는 그것이 오히려 우리의 심령을 해치는 발판이 되기도 합니다. 물론 특정 질병의 발병 가능성을 높이는 생활 습관과 음식이 있을 수 있고, 그런 정보를 찾아보고 미리 조심하는 것은 나쁜 일이 아닙니다. 그러나 그에 대한 믿음과 고백이 "신성한 건강은 나의 것이다!"라는 진리를 앞서기 시작한다면, 이는 오히려 건강을 방해하는 걸림돌이 될 수 있습니다. 예를 들어서 지금까지 모르고 해왔던 일들이 건강에 좋지 않다는 정보를 접하게 되었을 때나, 또는 내가 피해야 한다고 믿는 음식을 불가피하게 먹게 되는 상황이 올 때, 말씀의 진리보다 사실 정보를 더 많이 믿고 고백하는 사람이라면 그때 질병에 대한 두려움과 염려에 활짝 문을 열어 주게 될 것입니다.

치유와 건강은 나의 것이다

치유는 당신 것입니다. 하나님은 선하시며, 어떠한 경우에도 질병을 통해 당신을 훈련시키시는 분이 아닙니다. 질병의 증상이 나타났다면 그리스도 안에서 당신이 누구인지 주장하고 당장 떠날 것을 명하십시오. 그것은 결코 당신의 몸 안에 머무를 수 없습니다.

뿐만 아니라 신성한 건강이 당신 것입니다. 아팠다가 낫는 것뿐 아니라, 어떤 환경에서도 항상 신성한 건강 가운데 거하는 것을 당신의 당연한 권리로서 취하십시오.

기억하십시오. 당신 안에 하나님과 똑같은 생명이 있습니다. 그 생명은 무엇에 의해서도 방해받을 수 없는 생명입니다. 이 진리를 인식하고, 당신의 입으로 고백하십시오. 또한 그 능력의 생명을 당신의 세계에 온전히 풀어냄으로써 어떠한 어둠에도 틈을 주지 마십시오. 이와 같이 영과 혼을 진리로 충만케 하고 바른 중심을 유지할 때, 당신의 육의 건강은 확실히 보장될 것입니다.

고백

- 치유와 신성한 건강은 나의 것입니다.
- 예수께서 채찍에 맞으심으로 내가 나음을 입었습니다. 그러므로 나는 모든 연약함과 질병을 예수 이름으로 거절합니다. 어떤 질병도 내 몸에 머무를 수 없습니다.
- 신성한 건강은 나의 생득권입니다.
- 나는 항상 하나님의 능력과 생명으로 충만합니다.
- 나는 하나님께서 주시는 신성한 건강으로 오래오래 하나님의 영광이 될 것입니다.

제6장

화평은 나의 것입니다

여섯 번째 복음의 신조입니다. "화평은 나의 것입니다."

하나님과의 화해

'화평peace' 또는 '평화'라고 하면 일반적으로 마음이 편안한 상태를 생각합니다. 그러나 성경적으로 더 정확하게 화평이란, 복음을 통하여 성취된 그리스도인과 하나님과 사이의 조화를 의미합니다. 이를 우선 좁은 의미로 보면, 우리가 죄인이었을 때 예수님께서 대신 징계를 받으심으로 하나님과 우리가 화해하고 관계가 회복된 것이라고 이해할 수 있습니다.

롬 5:1
그러므로 우리가 믿음으로 의롭다 하심을 받았으니 우리 주 예수 그리스도로 말미암아 하나님과 화평peace을 누리자

우리가 죄인일 때에는 하나님과 조화를 이루거나 함께 할 수 없었지만, 예수님께서 속량을 이루심으로 말미암아 우리는 의롭다 인정받았을 뿐만 아니라 실제로 의인이 되었으며 하나님과 화평을 누리게 되었습니다.

골 1:20-22
그의 십자가의 피로 화평peace을 이루사 만물 곧 땅에 있는 것들이나 하늘에 있는 것들이 그로 말미암아 자기와 화목하게reconcile 되기를 기뻐하심이라 전에 악한 행실로 멀리 떠나 마음으로 원수가 되었던 너희를 이제는 그의 육체의 죽음으로 말미암아 화목하게reconcile 하사 너희를 거룩하고 흠 없고 책망할 것이 없는 자로 그 앞에 세우고자 하셨으니

사 57:20-21(한글킹제임스)
그러나 악인은 요동하는 바다와 같으니 안정하지 못할 때 물결이 진흙과 오물을 솟구쳐 내게 하는 바다같도다 "악인에게는 화평peace이 없다."고 나의 하나님께서 말씀하시느니라.

위의 골로새서 말씀에서도 예수님의 십자가의 보혈로 인해 우리가 흠 없고 책망할 것이 없는 자로 인정되어 하나님과 화목하고 화평을 이루었음을 말하고 있습니다. 또한 이사야 말씀에서는 악인, 즉 거듭나지 못한 죄인에게는 화평이 없다고 말합니다.

엡 2:11-18
그러므로 생각하라 너희는 그 때에 육체로는 이방인이요 손으로 육체에 행한 할례를 받은 무리라 칭하는 자들로부터 할례를 받지 않은 무리라 칭함을 받는 자들이라 그 때에 너희는 그리스도 밖에 있었고 이스라엘 나라 밖의 사람이라 약속의 언약들에 대하여는 외인이요 세상에서 소망이 없고 하나님도 없는 자이더니 이제는 전에 멀리 있던 너희가 그리스도 예수 안에서 그리스도의 피로 가까워졌느니라
그는 우리의 화평peace이신지라 둘로 하나를 만드사 원수 된 것 곧 중간에 막힌 담을 자기 육체로 허시고 법조문으로 된 계명의 율법을 폐하셨으니 이는 이 둘로 자기 안에서 한 새 사람을 지어 화평peace하게 하시고 또 십자가로 이 둘을 한 몸으로 하나님과 화목하게 하려 하심이라 원수 된 것을 십자가로 소멸하시고 또 오셔서 먼 데 있는 너희에게 평안peace을 전하시고 가까운 데 있는 자들에게 평안peace을 전하셨으니 이는 그로 말미암아 우리 둘이 한 성령 안에서 아버지께 나아감을 얻게 하려 하심이라

위 구절은 그리스도 밖에 있는 자와 안에 있는 자의 상태를 선명하게 대비하여 보여주고 있습니다. 그리스도 밖에 있었을 때 우리는 약속의 언약 밖에 있는 자요, 하나님이 없는 자이며, 세상에서도 소망이 없는 자였습니다. 그러나 이제는 예수의 피로 인해 그리스도 안에 속한 자가 되었습니다. 예수께서 우리의 화평이 되심으로 인해 이방인이나 유대인이나 한 성령 안에서 하나님 아버지께 나아갈 수 있게 된 것입니다.

요 14:27
평안peace을 너희에게 끼치노니 곧 나의 평안peace을 너희에게 주노라 내가 너희에게 주는 것은 세상이 주는 것과 같지 아니하니라 너희는 마음에 근심하지도 말고 두려워하지도 말라

예수님께서 주시는 평강은 결코 세상이 줄 수 없는 것입니다. 세상의 어떤 것도 의인의 평강, 즉 하나님과 화목하게 되는 평강을 줄 수는 없기 때문입니다.

하나님과 하나 됨

그런데 성경을 좀 더 보면, 우리가 하나님과 화평케 되었다는 것은 이보다 더 크고 적극적인 의미임을 알 수 있습니다.

요한복음에서는 예수님께서 화평에 대해 말씀하시면서 성령님을 언급하시는 것을 볼 수 있습니다. 결국 우리가 하나님과 조화되었다는 것은 예수님의 속량으로 인해 우리가 의인이 되고 성령님께서 우리 안에 오심으로 말미암아, 사실상 하나님과 우리가 하나가 된 상태를 말하는 것입니다.

요 14:10, 20
내가 아버지 안에 거하고 아버지는 내 안에 계신 것을 네가 믿지 아니하느냐 내가 너희에게 이르는 말은 스스로 하는 것이 아니라 아버지께서 내 안에 계셔서 그의 일을 하시는 것이라 … 그 날에는 내가 아버지 안에 너희가 내 안에 내가 너희 안에 있는 것을 너희가 알리라

요 17:20-22
내가 비옵는 것은 이 사람들만 위함이 아니요 또 그들의 말로 말미암아 나를 믿는 사람들도 위함이니 아버지여 아버지께서 내 안에 내가 아버지 안에 있는 것 같이 그들도 다 하나가 되어 우리 안에 있게 하사 세상으로 아버지께서 나를 보내신 것을 믿게 하옵소서 내게 주신 영광을 내가 그들에게 주었사오니 이는 우리가 하나가 된 것 같이 그들도 하나가 되게 하려 함이니이다

예수님께서는 이 땅에 계실 때 "아버지께서 내 안에, 내가 아버지 안에" 있으며 "나와 아버지는 하나"(요 10:30)라고 말씀하셨습니다. 이 땅에 우리와 똑같이 육신을 입고 오신 예수님께서 하나님과 하나일 수 있었던 이유는 그분 안에 계신 성령님 때문이었습니다. 예수님께서는 또한 아버지와 예수님께서 하나이신 것 같이 우리도 그분과 하나가 되게 하려 하신다고 기도하셨습니다. 그리고 마침내 죄 문제가 해결되고 우리가 의인이 됨으로 말미암아, 성령님이라는 선물이 우리에게 주어졌습니다. 그야말로 "그분이 우리 안에, 우리가 그분 안에" 계신 상태가 이루어진 것입니다. 이는 단순한 화해나 화친을 뛰어넘는 완전한 하나 됨을 의미하며, 바로 이것이 우리가 하나님과의 사이에서 가지는 화평에 대한 온전한 그림입니다.

엡 5:30
우리는 그 몸의 지체임이라

예수께서 우리의 머리이시고 우리는 그분의 몸의 지체입니다. 서신서의 여러 곳에서는 우리를 일컬어 막연히 그분의 일부라고 하지 않고, 구체적으로 '그 몸의 각 지체'라고 언급하는 것을 볼 수 있습니다. 각각의 위치나 역할은 다르지만, 모든 지체는 머리의 지시를 따라 움직입니다. 즉 예수님과 우리는 이제 궁극적으로 하나의 생명 가운데 유기적으로 기능하게 된 것입니다.

요일 4:17

… 주께서 그러하심과 같이 우리도 이 세상에서 그러하니라

하나님의 계획은 분명합니다. 예수님께서 이 땅에 계셨던 동안에는 예수님을 통하여 말씀하시고 일하셨다면, 이제는 우리에게 똑같은 성령을 주셔서 우리를 통하여 말씀하고 일하려 하십니다. "나는 포도나무요 너희는 가지라"(요 15:5) 예수님과 우리는 본질적으로 하나입니다. 그래서 주께서 그러하심과 같이 우리도 이 세상에서 그러합니다. 예수님께서 이 땅에서 하나님의 뜻을 나타내셨던 것처럼, 우리도 똑같이 하나님께 쓰임 받고 그분의 뜻을 나타낼 수 있도록 만들어졌습니다.

골 1:26-27

이 비밀mystery은 만세와 만대로부터 감추어졌던 것인데 이제는 그의 성도들에게 나타났고 하나님이 그들로 하여금 이 비밀의 영광이 이방인 가운데 얼마나 풍성한지를 알게 하려 하심이라 이 비밀은 너희 안에 계신 그리스도시니 곧 영광의 소망이니라

여러 시대와 세대에 걸쳐 드러나지 않았던 신비가 우리 가운데 나타났는데 그것은 바로 "우리 안에 계신 그리스도 곧 영광의 소망"입니다. 그 신비가 이제 우리에게 이루어졌습니다. 영광이란

곧 하나님의 임재를 말합니다. 그리스도께서 우리 안에 계시다는 것 자체가, 우리로 하여금 영광에서 영광으로, 능력에서 능력으로 끊임없이 발전하게 하는 원동력을 부여한 것과 같습니다.

화평은 느낌이 아닌 영적 실재이다

지금까지 우리는 화평에 대해서 느낌이나 감각으로 접근하는 경우가 많았습니다. 따뜻한 느낌을 받는다거나 또는 말씀이 이루어지는 것을 경험해야만 하나님의 보호와 임재를 확신하고 평강을 붙잡곤 했던 것입니다.

물론 믿음이 있는 곳에는 경험과 증거가 나타나게 되어 있습니다. 그러나 순서가 바뀌어서 경험이나 증거를 본 후에야 믿음을 발휘한다면, 이는 도마의 믿음과 다를 바가 없을 것입니다.

경험과 상관없이 화평은 이미 우리의 것입니다. 우리에게 속한 것을 먼저 선언하고 안에서부터 풀어냄으로써 열매를 불러내는 것이 바로 새로운 피조물의 삶의 방식이며, 더 많은 실재를 더 빨리 경험하는 길입니다. 저도 논리적이고 이성적인 기질 때문에 신앙생활 초기 10년 정도는 하나님께 증거를 구하고 믿고, 또 경험을 구하고 믿는 과정을 반복했었습니다. 그러나 나타나는 현상도 결국 말씀의 진리에 근거한 것인데 그 말씀을 처음부터 믿지 않고 굳이 몇 단계를 돌아서 경험을 통해서만 믿는 것이 얼마나 어리석은가를 깨닫게 되었습니다.

화평은 당신 것입니다. 당신은 하나님과 화목케 되었고, 하나가 되었습니다. 당신은 그분과 같은 생명 가운데 살아갑니다. 우리가 가진 화평은 예수 그리스도의 본성이자 우리의 거듭난 본성의 일부로서, 거듭난 순간 우리에게 주어져서 영원히 소유하는 것입니다. 그것을 인식하고 풀어내십시오. 눈에 보이는 상황과 상관없이 당신의 화평을 취하십시오. 하나님과 하나 된 상태를 누리십시오. 당신이 이 땅에서 하는 말과 행동에 하나님의 뜻이 온전히 나타나게 하십시오!

 고백

- 나는 우리 주 예수 그리스도로 말미암아 하나님과 화평케 되었습니다.
- 거듭난 나는 의인이 되었습니다. 이제 주님이 내 안에, 나도 주님 안에 있음으로 인해 우리는 하나가 되었습니다.
- 나는 하나님과 동일한 생명으로 기능합니다. 하나님과 나는 본질적으로 하나가 되었습니다.
- 예수님은 머리시며 나는 그분의 몸입니다. 우리는 머리이신 예수님의 몸과 그의 살과 그의 뼈의 지체입니다.
- 예수님이 이 땅에서 그러하셨듯이 나도 이 땅에서 그러합니다.

제7장

형통은 나의 것입니다

일곱 번째 복음의 신조입니다. "형통은 나의 것입니다."
우리는 늘 하나님의 말씀이 말하는 최고를 추구해야 합니다. 하나님께서는 우리를 삶의 모든 영역에서 형통하도록 부르셨고, 이는 물질 분야에서도 마찬가지입니다.

요삼 1:2 (한글킹제임스)
사랑하는 자여, 무엇보다도 네 혼이 잘됨같이 네가 번성하고 prosper 강건하기를 바라노라.

하나님께서는 우리가 번성하고 형통하기를 원하십니다. 그러나 그렇게 되기 위해서는 우리의 혼을 다루어야 합니다. 새로운 피조물의 거듭난 영에는 아무런 문제가 없기 때문에, 우리의 혼이 영을 따라 제대로 기능하기만 하면 하나님께서 바라시고 예비하신 모든 축복이 우리 삶 가운데 막힘없이 역사할 것입니다.

예수님은 우리를 형통케 하려고 오셨다

예수님은 우리를 형통하게 하시려고 오셨습니다. 하나님의 인간을 향한 본래 계획인 "정복하고 다스리라"라는 말을 성취하기 위해, 이 땅에 오셔서 우리를 대신하여 죗값을 치르시고 우리에게 영생을 주신 것입니다.

> 요 10:10
> 도둑이 오는 것은 도둑질하고 죽이고 멸망시키려는 것뿐이요 내가 온 것은 양으로 생명을 얻게 하고 더 풍성히 얻게 하려는 것이라

위 말씀에서 예수님께서 말씀하시는 '도둑'이란 문맥상 거짓 선지자를 가리킵니다. 그러나 마귀의 본성, 마귀의 일로 해석해도 문제가 없습니다. 마귀가 하는 일의 목적은 오직 도둑질하고 죽이고 멸망시키려는 것뿐입니다. 그러나 예수님께서는 우리에게 생명, 즉 하나님과 같은 종류의 조에 생명을 주시되, 풍성하게, 최대 용량으로 주시려고 오셨습니다. 우리는 이러한 생명을 따라 기능하면서, 삶의 모든 분야에서 다스리는 자의 자리에 서야 합니다.

고후 8:9

우리 주 예수 그리스도의 은혜를 너희가 알거니와 부요하신 이로서 너희를 위하여 가난하게 되심은 그의 가난함으로 말미암아 너희를 부요하게 하려 하심이라

값은 치러졌습니다. 예수님은 우리를 부요하게 하시려고 스스로 가난하게 되셨습니다. 언제 가난해지신 것입니까? 이 땅에 사시는 동안에 예수님께서는 아무런 부족함이 없으셨습니다. 많은 분들이 잘못 생각하시는 것과는 달리, 예수님은 이 땅에서 결코 가난하셨던 적이 없으시며 오히려 항상 풍성하셨습니다. 그러나 십자가에 달리신 그 순간, 맨몸으로 완전히 가난한 상태가 되심으로써 우리의 가난에 대한 값을 모두 치르셨습니다.

고전 3:21-23

그런즉 누구든지 사람을 자랑하지 말라 만물이 다 너희 것임이라 바울이나 아볼로나 게바나 세계나 생명이나 사망이나 지금 것이나 장래 것이나 다 너희의 것이요 너희는 그리스도의 것이요 그리스도는 하나님의 것이니라

위 구절은 고린도 성도들이 특정 사역자를 두고 서로 편을 가르는 것을 교정하기 위해 바울이 쓴 글입니다. 바울이든 아볼로든 게바든 결국 모두 하나님께서 성도들을 유익하게 하기 위해 주신

것이라고 하면서, '모든 것이 다 너희 것이고 너희는 그리스도의 것이요 그리스도는 하나님의 것' 이라고 말합니다.

이렇게 확실한 말씀이 없습니다. 저도 초신자 때부터 이런 말씀을 들었고 제 수준에서 어느 정도 형통을 체험하고 살아왔지만, 새로운 피조물의 관점에서 제대로 계시가 열린지는 얼마 되지 않은 것 같습니다. 불과 얼마 전까지 저는 세상의 갑부나 재벌 중에 불신자가 더 많은 것을 보면서, 이 세상은 마귀에게 속했으므로 불신자들이 세상의 물질을 더 많이 가질 수밖에 없다고 생각했습니다.

그러나 점점 계시가 열리면서 저를 포함한 그리스도인들이 얼마나 많은 것을 빼앗긴 채 살고 있는지 깨닫게 되었습니다. 말씀에서는 "만물이 다 너희 것"이라고 말합니다. 이 세상 모든 만물은 처음부터 하나님의 것이었습니다. 하나님께서는 그것들을 정복하고 다스리는 권세를 아담에게 주셨지만 마귀에게 빼앗기고 말았습니다. 그러나 예수님의 죽으심과 장사되심과 부활로 인해 이제 상황은 바뀌었습니다. "이 세상의 임금이 오겠음이라 그러나 그는 내[예수님]게 관계할 것이 없으니"(요 14:30) 부활하실 때 예수님께서는 지옥과 사망의 권세를 정복하시고 만왕의 왕으로서 일어나셨습니다. "이러므로 하나님이 그를 지극히 높여 모든 이름 위에 뛰어난 이름을 주사 하늘에 있는 자들과 땅에 있는 자들과 땅 아래에 있는 자들로 모든 무릎을 예수의 이름에 꿇게 하시고"(빌 2:9-10) 이러한 권세는 그냥 얻어진 것이 아니라 예수님께서 몸소 값을 치르신 결과 주어진 것입니다. 이미 하나님이신 예수님께서 왜 굳이 그 권세를 되찾아오기 위해 값을 치르셔야 했을까요? 바로 그 권세를 합법적으로 우리에게 넘겨주시기 위해서였습니다.

"자녀이면 또한 상속자 곧 하나님의 상속자요 그리스도와 함께 한 상속자니"(롬 8:17) 여기에서 '그리스도와 함께 한 상속자', 즉 "공동상속자joint-heirs"란 일정 부분씩 나누어 갖는 것이 아니라, 전체의 모든 것을 함께 상속받는 것을 의미합니다. 은행에서 공동계좌joint-account를 개설하면 예금주로 설정된 두 사람 중 아무나 예금액을 자유롭게 꺼내 쓸 수 있는데, 이런 계좌는 주로 자녀가 돈을 자유롭게 사용하게 하려고 부모가 개설하는 경우가 많습니다. 예수님께서 하신 일이 그러합니다. 예수님께서 이 땅의 권세를 회복하시고 일어나셔서 우리의 공동상속자가 되어 주신 것은, 결국 그 모든 권세를 우리가 마음껏 사용할 수 있게 하시려는 것이었습니다.

복음서의 '밭에 숨겨진 보화'에 대한 예화도 같은 맥락에서 이해할 수 있습니다. 이는 물론 복음의 비밀이 다른 모든 것을 팔아 취할 만큼 값지다는 의미를 담고 있지만, 예수님의 입장에서 본다면 이 땅의 영혼들이 너무나 아름다운 보물이기에 자신의 모든 것을 던져 이 세상 전체를 사셨다는 의미가 되기도 합니다.

이제 세상의 모든 것이 합법적으로 예수님의 것입니다. 재물이든 잃어버린 영혼이든 모두 마찬가지입니다. 그리고 우리는 그 권세의 자리에 공동상속자로 세워졌습니다. 그러므로 우리 그리스도인들은 이 땅의 모든 영혼과 자원과 권세를 사탄에게 그냥 내어주어서는 안 되며, 그 모든 것들이 원래 창조된 목적대로 하나님께 영광돌리도록 해야 할 것입니다.

영으로 기능함으로 형통을 누리라

그런데 왜 그리스도인들이 세상의 많은 것들을 불신자들에게 내어주고 있을까요? 제가 생각하기에 이유는 간단합니다. 세상 사람들은 믿을 수 있는 것이 오직 자기 자신뿐이기 때문에 성공하기 위해 할 수 있는 열심을 다합니다. 그런데 안타깝게도 그리스도인들은 많은 경우 자신이 그리스도 안에서 어떤 존재이며 무슨 복을 받았는지 알지 못하고, 또 나름대로 알더라도 믿음으로 그것을 차지하는 과정을 거치지 않은 채, 막연하게 '하나님 믿으면 알아서 해 주시겠지.' 라는 의존적인 태도를 가지고 있습니다. 하지만 자연적인 영역에도 심고 거두는 법칙이 존재합니다. 열 시간을 투자한 사람과 스무 시간을 투자한 사람이 같은 결과를 얻을 수는 없는 일입니다. 물론 세상 사람들과 달리 우리에게는 하나님의 은혜와 보호가 있지만, 그것을 풀어내는 훈련이 되지 않은 상태에서 막연한 기대만 가지고 손을 놓고 있다면 당연히 그 시간에 더 많은 노력을 기울인 다른 사람이 – 그가 그리스도인이든 아니든 – 열매를 가져가게 될 것입니다.

그러므로 어릴 때부터 자녀들에게 이 계시를 가르쳐서, 그리스도인이 마땅히 세상 모든 분야에서 최고의 자리에 오르도록 키워내야 합니다. 그리스도 안에서 자신이 누구이며 무엇을 가지고 있고 무엇을 할 수 있는지 가르치고, 또한 그러한 계시를 가지고 어떻게 영적인 영역에서 기능할 수 있는지를 가르치십시오. 이것이 참으로 당신의 자녀를 더 큰 세계로 이끌어주는 길입니다.

우리가 선포하는 "나는 탁월한 자다. 나는 세상을 이기는 자다!"라는 고백들이 어떻게 효력을 얻을 수 있습니까? 전제 조건은 오직 "영으로 기능할 때"입니다. 믿는 사람이면서도 말씀을 제쳐 놓고 자신의 자연적인 힘으로만 일을 이루려 한다면, 결국 세상 사람들과 똑같은 자리로 내려가서 경쟁하게 되는 것입니다. 또 한편으로 교회 모임이나 개인 경건 습관을 우선시하기는 하지만, 정작 삶의 현장에 들어가서는 공급받은 영적 영향력을 제대로 풀어내지 못하고 시간을 지혜롭게 쓰지도 못한다면, 이 또한 원하는 성공을 이루기는 어려울 것입니다. 그러므로 우리는 그리스도 안에서 내가 누구인지에 대한 말씀을 매일 확인함으로써 영을 먹이고, 그렇게 강화된 영을 상황 가운데 풀어냄으로써 삶의 모든 분야에서 '영으로 기능하는 법'을 훈련해야 합니다.

세상의 기술이나 이론들은 사실 새로 창조된 것이 하나도 없습니다. 하나님께서 이미 만들어 놓으신 것을 그저 발견하는 것뿐입니다. 그것을 하나님의 자녀인 우리가 발견하지 않는다면 누가 발견하겠습니까? 대중문화도 마찬가지입니다. 흔히 연예계나 대중문화계는 세상의 악한 영향력과 유혹이 많으므로 그리스도인은 멀리해야 한다고 생각합니다. 현실의 상황을 볼 때 근거 없는 말은 아니지만, 그 분야 또한 예수님께서 이미 값 주고 사셨습니다. 어느 분야든지 능력 있는 그리스도인이 최고의 자리에 서서 선한 영향력을 행사해야 하며, 특별히 많은 자본과 영향력을 가진 분야라면 더욱 그럴 필요가 있습니다.

그렇다면 그리스도인이 세상에서 성공해야 하는 궁극적인 이유는 무엇입니까? 하나님께서 그렇게 정하셨으므로 누리는 것이 당연하고, 또 성공을 통해 그분께 영광 돌리는 것도 좋습니다. 그러나 진짜 목적은 하나님 왕국의 확장과 영혼 구원을 위해서입니다. 사실 그동안 이 목적이 분명하지 않아서 그리스도인의 성공이 마지막 순간에 빛이 바래는 경우도 많았고, 그로 인해 그리스도인이 부요와 성공을 말하는 것조차 부정적으로 인식되는 결과를 가져왔습니다. 만물이 다 우리 것입니다. 그러나 동시에 우리는 그리스도의 것이요, 그리스도는 하나님의 것이라고 했습니다. 이 부분에 대해 정확히 하지 않는다면 그리스도인이라 해도 결국은 불신자와 다를 바 없이, 아니 오히려 하나님의 은혜를 이용하면서 개인의 욕망과 세상의 성공을 좇아가게 될 것입니다.

그러나 그렇게 될까봐 두려워서 처음부터 아예 우리의 권리를 포기해버린다면, 이 또한 하나님께서 바라시는 바가 아닙니다. 하나님에 대한 바른 지식을 바탕으로 그분과 바른 관계를 맺고 있다면, 우리는 충분히 흠 없는 성공과 형통을 누릴 수 있습니다.

이제 이 진리를 안 이상 절대로 세상에 양보하고 빼앗길 수 없습니다. 형통은 이미 우리에게 속한, 우리의 생득권입니다.

부요는 하나님의 선물이다

부요는 하나님께서 우리에게 주신 선물입니다. 그러므로 그저 감사함으로 받아서 누리면 됩니다.

> 전 5:19 (한글킹제임스)
> 하나님께서는 또한 모든 사람에게 재산과 부요를 주셨으며 능력을 주시어 먹게 하시고 그의 몫을 갖게 하시고 그의 수고 가운데 즐거워하게 하셨으니 이것이 하나님의 선물이라.

위는 구약의 말씀으로, 구약 시대에도 하나님과 동행했던 사람들은 모두 부요하게 살았습니다. 하물며 새 언약을 받은 우리는 어떠하겠습니까? 부요는 물론이거니와 우리가 받은 축복과 권세는 구약의 성도들과는 비교할 수 없이 큽니다.

하나님은 재물 얻을 '능력'을 주신다

하나님께서는 우리에게 재물 자체보다는 '재물 얻을 능력'을 주십니다. 물론 물질 자체를 주시는 경우가 전혀 없는 것은 아닙니다. 교회 안에서 충성하면서 하나님의 일에 동참하다보면, 특정한 시기에 흐르는 기름부음을 통해 마치 보너스와 같이 일시적으로 임하는 축복이 있을 수 있습니다. 그러나 오로지 그것만을 기대한다면 올바른 접근이라 할 수 없습니다. 그보다 재물을 얻을 능력을 주시는 것이 더 근본적인 원리입니다. 그래야만 지속적인 축복이 가능하기 때문입니다. 은사로 인해 일시적으로 임하는 축복을 경험할 수도 있지만, 더 지속적이고 온전한 것은 하나님의 원리 가운데 들어가 받는 축복입니다. 하나님께서는 우리가 재정적인 형통의 원리 안에서 안정적으로 기능할 수 있도록, 재물 자체가 아닌 재물 얻을 능력을 주셨습니다.

신 8:18
네 하나님 여호와를 기억하라 그가 네게 재물 얻을 능력을 주셨음이라 이같이 하심은 네 조상들에게 맹세하신 언약을 오늘과 같이 이루려 하심이니라

재물 얻을 능력이란 무엇입니까? 일을 할 수 있는 건강한 신체를 의미할 수도 있지만, 지금 우리가 살고 있는 현대 사회의 상황에 비추어 본다면 아이디어나 재능, 기회, 지혜 등으로 이해하는 것이 더 정확합니다. 이러한 것들을 삶의 현장에서 풀어낼 때 재물이 따라옵니다. 그러나 이것을 모르고 하늘에서 돈이 떨어지기만을 기다리면서 투자 기회가 와도 활용하지 않고

아이디어가 떠올라도 행동하지 않는다면, 하나님의 축복은 약속되어 있을지라도 그것이 실제로 나타나는 통로는 막혀 버립니다. 그러므로 초점을 물질 자체가 아니라 그것을 얻을 통로에 맞추고, 삶 속에서 하나님께서 주시는 기회에 즉각 반응할 수 있어야 합니다.

무엇보다 성령의 음성을 지속적으로 잘 듣고 따라가는 것이 가장 중요합니다. 어렵고 쉬움을 단순히 따지기는 어렵겠지만, 치유 분야는 본인의 몸에서 일어나는 일이므로 당사자가 스스로 말씀을 붙잡고 그에 대한 계시가 일어나면 결과가 나타나게 되고, 그 과정에서 외부적인 변수의 영향은 상대적으로 적은 편입니다. 그러나 재정 분야는 결과를 보기까지 수많은 인적·환경적 요소들의 영향을 받기 때문에 끝까지 성령님과 동행하며 능력을 풀어내는 훈련이 필요합니다.

하나님의 부요에는 근심이 없다

잠 10:22
여호와께서 주시는 복은 사람을 부하게 하고 근심을 겸하여 주지 아니하시느니라

하나님께서 주시는 부요는 근심을 동반하지 않습니다. 세상 사람들이 자기 힘으로 차지한 부요와 명예에는 근심이 뒤따르는

것을 쉽게 볼 수 있습니다. 불신자들은 스스로 지혜롭고 똑똑하다 여기지만 사실은 영적인 어둠 가운데 살아가고 있어 결정적인 지혜가 부족하기 때문입니다. 그러나 성령으로 충만하고 말씀의 진리 가운데 거하는 자는 정확한 통찰력을 발휘할 수 있으며, 이 신성한 통찰력이야말로 사람을 성공하게 하는 근본적인 열쇠라 할 수 있습니다.

> 딤전 6:17-19
> 네가 이 세대에서 부한 자들을 명하여 마음을 높이지 말고 정함이 없는 재물에 소망을 두지 말고 오직 우리에게 모든 것을 후히 주사 누리게 하시는 하나님께 두며 선을 행하고 선한 사업을 많이 하고 나누어 주기를 좋아하며 너그러운 자가 되게 하라 이것이 장래에 자기를 위하여 좋은 터를 쌓아 참된 생명을 취하는 것이니라

우리는 세상의 불확실한 것에 소망을 두지 말고 하나님의 뜻과 방향에 초점을 맞추어야 합니다. 이것이 곧 '장래의 자기를 위하여 좋은 터를 쌓아 참된 생명을 취하는 것' 입니다. 그리스도인은 스스로 높아지기를 추구하지 않고, 하나님께서 친히 자신을 높여 주시기를 갈망하는 사람들입니다. 하나님께서 높여 주시면 내려오지 않습니다. 하나님의 방법으로 이룬 성공에는 어떤 근심도 부작용도 없으며, 온전한 누림이 있을 뿐입니다.

그리스도인의 부요는 하나님의 왕국을 확장하기 위한 것이다

그리스도인의 부요의 목적은 개인의 풍성한 삶을 위해서이기도 하지만 궁극적으로는 하나님의 왕국을 확장하기 위한 것입니다. 우리는 이 목적을 분명히 해야 합니다. 사실상 우리가 이 땅에 살아있는 이유가 이것입니다. 우리가 가진 물질과 재능과 시간과 인간관계 등 모든 것이 결국 영혼구원이라는 하나의 이유를 위해 존재합니다.

우리가 영적으로 어릴 때에는 심고 거두는 원리를 통해 개인의 삶의 필요를 채우려는 목적으로 물질을 심기도 합니다. 그러나 하나님께서는 우리가 그런 단계를 벗어나 더 온전한 원리 안에서 능력 있게 기능하기를 원하십니다. 우리가 개인적인 필요를 채우고 누리는 것도 하나님께서 원하시는 바이지만, 단지 그런 수준에서 머물러 있어서는 안 됩니다. 물질은 이 땅에서 원하는 일을 할 수 있고 영향력을 미칠 수 있는 강력한 도구입니다. 그러므로 우리는 부요를 생득권으로 담대하게 취하여 영혼 구원과 하나님 나라의 확장을 위해 적극적으로 사용해야 할 의무가 있습니다.

부요의 척도는 갖는 것이 아니라 주는 것이다

그렇다면 부요와 가난은 어떤 기준으로 판단할 수 있습니까? 세상에서는 흔히 '얼마나 많은 재산을 가지고 있느냐'를 기준

삼아 부요와 가난을 판단합니다.

그러나 단지 가진 재산의 많고 적음을 기준으로 부요한 자 또는 가난한 자라고 규정하기에는 미흡한 점이 있습니다. 남들이 보기에는 재산도 충분하고 먹고 사는데 전혀 문제가 없음에도 불구하고, 몇 천원 또는 몇 만원에 예민하게 반응하는 사람들이 있습니다. 그런 사람들은 가진 것이 많더라도 심령은 가난합니다. 그러나 참된 부요에는 반드시 '누림'이 뒤따릅니다.

이런 면에서 참된 부요를 판별할 수 있는 기준은 '얼마나 많이 갖고 있느냐'가 아니라 '얼마나 많이 줄 수 있느냐' 입니다. 물론 아무것도 없거나 당장 먹고살기에도 부족한 상태에서 남에게 나누어주기는 어렵습니다. 그러나 삶의 필요가 채워지는 다양한 수준 안에서도, 실제적으로 더 적은 재산을 가졌음에도 불구하고 하나님의 뜻에 따라 더 많은 물질을 심고 나누는 사람이 있습니다. 이러한 자가 참으로 부요한 자요, 하나님께서는 그런 중심을 가진 사람에게 더 많은 물질을 맡기실 수밖에 없습니다. 이와 같이 우리는 부요를 비롯한 삶의 모든 분야에서 영적인 시각을 갖고, 하나님의 기준을 따라 기존의 개념을 새롭게 해야 하겠습니다.

하나님이 우리의 근원이시다

그리스도인에게 공급되는 물질은 어디에서 비롯되는 것입니까? 우리의 근원은 하나님이십니다. "하나님께서 축복해 주셨습니다."라고 말은 하지만, 실제로는 많은 분들이 직장을 물질의 공급처로 믿고 있는 경우가 많습니다.

제가 레마 성경 훈련소에서 '주고받는 법칙'에 대해 배울 때, 담당 강사께서 이런 질문을 하신 적이 있습니다. "여러분은 왜 직장을 다닙니까?" 곧이어 그분은 이렇게 말씀하셨습니다. "혹시 '가족을 부양하고 집세도 내야 해서'라고 생각한다면, 그것은 성경적인 생각이 아닙니다. 하나님께서 하라고 하셨기 때문에 당신은 그곳에서 일하는 것입니다. 하나님께서 말씀하신 곳에 있으면, 그분께서 당신에게 공급하십니다."

저는 그 말을 듣고 큰 충격을 받았습니다. 당시에 저는 은연중에 '직장에서 일하는 이유는 돈을 벌기 위해서'라는 개념을 가지고 있었기 때문입니다. 또한 강사 분께서는 이렇게 덧붙이셨습니다. "만약 먹고 살기 위해서 직장에 다닌다고 생각한다면, 당신은 직장이 물질 공급의 근원이라고 믿고 있는 것입니다. 그러나 진짜 공급은 하나님으로부터 오는 것이며, 직장은 그 통로 중의 하나일 뿐입니다." 직장뿐만 아니라, 부모님이든 저축이든 세상의 다른 것들을 하나님보다 의지하는 마음이 있다면 이는 모두 하나님의 역사를 제한하는 일입니다. 그분은 정확히 우리의 중심에 반응하시기 때문입니다.(그렇다고 저축이나 개인적인 재정 관리를 전혀 하지 말라는 뜻은 아닙니다. 다만 무엇을 하든 심령의 초점을 어디에 두어야 할지에 대해 말하는 것입니다.)

하나님께서 나의 공급처이자 근원이시라는 사실을 확실히 믿는다면, 눈에 보이는 상황이 어떻게 변할지라도 흔들리지 않습니다. 당신이 어쩌다 현재의 직장에 다니지 못하게 될지라도, 하나님께서 또 다른 일자리를 주실 것입니다. 아니면 당신이 전혀 생각지 못한 완전히 새로운 통로를 사용하실 수도 있습니다.

"진리가 너희를 자유롭게 하리라"라고 했습니다. 그러나 말씀의 진리를 90%만 알고 10%는 잘못 알고 있다면 하나님의 원리가 제대로 효력을 발휘할 수 없습니다. 확실한 믿음의 바탕 위에 서야 확실한 능력이 나타납니다. 물질 분야에서 속기 쉬운 잘못된 개념을 제거하고, "나의 진짜 근원은 하나님이시다"라는 진리를 굳게 붙잡으십시오. 이것이 형통을 위한 기본 개념입니다.

주는 태도를 가지라

하나님을 근원으로 삼은 그리스도인이라면 마땅히 '주는 태도'를 가져야 합니다. 위에서 말했듯이 부요의 기준은 많이 갖는 것이 아니라 많이 주는 것에 달려 있습니다.

하늘에 계신 하나님께서 이 땅에 있는 우리들에게 어떻게 물질을 공급하실 수 있을까요? 물질을 포함한 하나님의 축복들은 결국 사람을 통해서 흘러갑니다. 우리가 속한 하나님의 왕국에서 혼자 저절로 이루어지는 일이란 없습니다. 나 혼자 스스로 은혜 받고 성장한 것 같아도 누군가 기도와 말씀을 뿌렸기 때문에 나의 구원과 영적 성장이 있었고, 누군가 성령의 감동에 따라 심었기 때문에 나의 물질 축복이 있었던 것입니다. 이렇게 연합하여 상생하는 것이 하나님께서 그리스도의 몸 된 교회를 향해 계획하신 모습입니다.

물질이든 계시든 기름부음이든 무언가 나에게 주어졌다면, 이는 반드시 나를 통해 또 어디론가 흘러나가야만 합니다. 절대로 내가 종착역이 되어서는 안 됩니다. 움켜쥔 손이 아니라 활짝 편 손이 되어야 합니다. 무엇이든지 손에 들어오기만 하면 꼭 틀어쥐고 있다면, 이는 하나님의 축복을 받을 수 있는 기본 바탕이 마련되지 않은 것입니다. 예를 들어 선물을 받았을 때에도 내가 쓰는 것이 좋을지, 아니면 다른 누군가에게 주는 것이 더 좋을지 성령님께 물어보십시오. 작은 것부터 성령님께 인도받고 주는 것을 생활화할 때 하나님께서는 당신을 더 큰 축복의 통로로 훈련하시고 사용하실 것입니다.

부자의 사고방식을 가지라

서두에서 언급했듯이 새로운 피조물의 계시 가운데 온전히 기능하기 위해서는 합당한 사고방식을 갖는 것이 가장 중요합니다. 그러므로 재정 분야의 축복을 누리기 위해서는 성경에서 말하는 바에 일치하여 '부요한 자의 사고방식'을 가져야 합니다.

우리가 세상에서 배운 것은 대부분 '가난한 자의 사고방식' 입니다. 불신자들의 삶은 기본적으로 마이너스 상태이며, 모든 일의 동기가 두려움에서 시작되기 때문입니다. 그들이 돈을 벌고 모으는 이유는 '돈이 없어서 자식 교육을 못 시킬까봐', '돈이 없어서 나중에 병들거나 늙으면 의지할 곳이 없을까봐'와 같이 근본적으로 먹고 사는 것에 대한 두려움에서 비롯됩니다. 이것이 죄의 본성을 가진 사람들의 삶의 방향성입니다. 그러나 우리는 이제 새로운 생명을 받았으므로 새로운 생각을 가지고 새로운 방향으로 나아가야 합니다.

저도 예전에는 여느 사람들과 다름이 없었습니다. 저희 부부가 1980년대 초에 처음 미국으로 유학 갔을 당시, 그동안 모은 돈을 꽤 많이 가지고 갔음에도 불구하고 앞으로 쓸 학비와 생활비를 생각하니 마음이 한없이 가난하고 조급했었습니다. 은행에서는 저희가 넣어 둔 현금을 보고 VIP 대접을 할 정도였는데도 저희는 그런 것을 즐길 여유가 전혀 없었습니다.

그러다 거듭나서 예수님을 제대로 믿게 되었을 때에는 정말로 가져간 돈을 다 쓰고 믿음으로 살아야 할 상황이었습니다. 그 때는 오히려 "부요하신 이로서 너희를 위하여 가난하게 되심은 그의 가난함으로 말미암아 너희를 부요하게 하려 하심이라"라는 고린도후서 8:9 말씀을 붙잡고 선포하기 시작했습니다. 그러면서 저에게 새로운 계시가 열렸고 오히려 가진 돈이 많았을 때보다 저의 심령과 삶이 풍요로워지는 것을 경험했습니다.

예수님께서 '너희는 두 주인을 섬길 수 없다'고 말씀하시면서 하나님 외의 다른 주인으로 언급하신 것이 바로 "재물"입니다(마 6:24, 눅 16:13). 그만큼 세상에서 돈의 지배력은 절대적입니다. 세상 사람들은 돈을 모든 결정의 척도로 삼습니다. 어떤 기회가 왔을 때 그만한 돈이 있으면 할 수 있고, 돈이 없으면 할 수 없다고 포기하곤 합니다. 어찌 보면 당연해 보이지만, 사실은 이것은 부요한 자의 사고방식과는 거리가 멉니다.

앞서 언급했듯이, 부요란 소유의 많고 적음에 달린 것이 아닙니다. 그보다 얼마나 줄 수 있고 얼마나 부요한 사고방식을 가지고 있느냐에 달려 있습니다. 하나님께서 주시는 부요에는 누림이 있습니다. 이는 상황이나 환경과 관계가 없습니다. 세상의 경기가 좋지 않을 때에도 하나님의 부요는 변함이 없습니다.

고후 9:8 (한글킹제임스)
하나님께서는 너희에게 모든 은혜를 넘치게 하실 수 있나니 모든 것을 언제나 너희가 필요한 대로 가질 수 있게 하심으로 모든 선한 일에 넘치게 하시려는 것이라.

'하나님의 선한 일을 하기에 부족함이 없는 상태' 이것이 우리의 부요를 일컫는 정확한 표현입니다. 가진 재산이 많다 하더라도 하나님께서 감동을 주시는 일에 선뜻 물질을 쓰기가 꺼려진다면 부요를 온전히 누리는 상태라고는 보기 어려울 것입니다. 반면 지금 당장은 필요한 돈이 없더라도 '하나님께서 시키신 일이라면 그분께서 반드시 공급하신다.'라는 확신이 있다면, 이것이 부요한 자의 사고방식이며 이는 반드시 결과를 보게 될 것입니다.

예를 들어 선교 여행을 갈 기회가 생겼을 때, 일반적으로는 여행 경비와 일정을 맞추어 보고 참여 여부를 결정할 것입니다. 그러나 사실 우리가 가장 먼저 해야 할 일은 성령의 인도를 받는 것입니다. 먼저 이 여행이 나를 위한 하나님의 계획인지 확인하고, 그것이 맞는다면 나머지 필요한 요소에 대해서는 하나님의 공급과 인도를 구하면서 해결하면 되는 것입니다.

평소 우리의 삶을 들여다보면, 작은 것을 구입할 때에는 몇천 원, 몇백 원을 아끼려고 이것저것 비교하면서 신경을 쓰다가도, 정작 큰돈을 쓸 때는 정보가 부족해서 좋은 선택을 하지 못하는 경우가 있습니다. 그렇다면 일상적인 작은 것에는 연연하지 말고 큰돈을 쓸 때 하나님의 지혜를 구한다면, 인생의 얼마나 많은 부분에서 더 큰 자유와 풍요를 누릴 수 있을까요? 절약은 나쁜 것이 아닙니다. 그러나 그것이 가난한 마인드에서 비롯된 것이라면 오히려 삶을 구속하는 족쇄가 될 수 있습니다.

무엇이든 '돈이 없어서 못 한다'는 생각을 아예 지워버리십시오. 내가 어떤 물건을 사지 않는 이유는 돈이 없어서가 아니라, 꼭 원하는 것도 아니고 꼭 필요한 것도 아니기 때문입니다. 정말 필요하고 사고 싶은 것이라면 극단적으로 말해서 집을 팔아서라도 살 수 있습니다. 하지만 그렇게 하지 않는 이유는 필요 충족에 대한 나름의 우선순위가 있기 때문입니다. 그러므로 더는 속지 마십시오. 돈이 없어서 못 하는 것이 아닙니다. 나에게 가치가 없는 일이기 때문에 하지 않기로 선택한 것입니다.

당신의 자녀에게도 결코 "그건 돈이 없어서 못 해준다."라고 말하지 마십시오. 세상에도 '부자 아빠, 가난한 아빠'라는 말이 있습니다. 당신의 자녀가 부요한 자의 사고방식 가운데 기능할 수 있도록, 하나님의 말씀을 따라 가르치고 훈련시키십시오. 무엇보다 당신의 말과 행동으로 보여 주십시오.

이런 계시가 생긴 후로 저는 실제 저희 아이에게 그렇게 말하고 가르쳤습니다. 한국에 돌아와 개척 교회를 시작하고 교회 한쪽을 막아 사무실, 방, 부엌을 나누어 쓸 때에도, 아이가 "엄마, 우리는 가난해?"라고 물으면 항상 "우리는 부자야."라고 대답했습니다. "어떤 일을 하고 싶을 때 돈이 없어서 못 하는 일이 없으면 그게 부자인거야. 너는 하고 싶은데 돈이 없어서 못 하는 일이 있었니?" 그러면 당연히 어린 아이 수준에서는 그런 일이 없었기 때문에, 스스로 '나는 부자구나'라고 생각하게 되었던 것입니다. 물론 성장하면서 실제로 정말 잘 사는 친구들도 보게 되고 차이를 느끼게도 되겠지만, 말씀의 관점으로 사고방식이 형성된 아이와 그렇지 않은 아이의 태도에는 차이가 있을 것입니다.

당신이 어떤 관점을 가지고 어떤 삶을 살 것인지는 당신의 혼에서 비롯됩니다. 그러므로 더 나은 삶으로 나아가기 위해서는 생각의 틀을 바꾸어야 합니다.

그러나 부요의 축복을 어느 정도 경험하시는 분들의 경우에도, "지금 내 능력으로는 얼마를 만들 수 있는데, 하나님께서 더 도와주시면 저 정도 집을 살 수 있겠다."라는 식으로 하나님의 계획에 비하면 여전히 제한적인 수준의 계시에 머물러 있는 것을 보게 됩니다. 물론 이것도 감사한 일이지만, 사실 이 정도를 두고 하나님께서 예비하신 "초자연적인" 형통을 누린다고 보기는 어려울 것입니다.

하나님을 제한하지 마십시오. 하나님께서 새로운 피조물에게 기대하시는 수준에 이르기까지 당신의 인식을 새롭게 하십시오. 지금 내가 처한 상황에 비추어 어느 정도의 증가를 기대하는 것이 아니라, 말씀에서 말하는 바에 비추어 새로운 그림을 그리십시오. 하나님께서 나에게 주신 부요와 형통의 권세가 무엇인지를 말씀에서 확인하고, 그 말씀으로 당신의 생각의 틀을 새로 짜야 합니다. 그렇게 할 때 비로소 초자연적인 형통과 부요를 누리며, 세상에 빼앗긴 물질들을 되찾아 하나님의 일에 온전히 사용할 수 있게 될 것입니다.

물질 축복은 단계적으로 증가한다

물질 축복에도 물론 일시적으로 나타나는 은사적인 축복이 있지만, 항상 이것만 기대할 수는 없습니다. 결국 물질 분야의 축복 또한 다른 분야와 마찬가지로 우리의 믿음의 수준에 따라 단계적으로 증가하게 됩니다. 하나님께서는 항상 주기를 원하십니다. 그러나 물질을 다루는 능력이 제대로 훈련되지 않은 사람에게 많은 물질이 주어진다면 이는 오히려 재앙이 될 수 있습니다.

일반적으로 처음에는 광야의 이스라엘 민족처럼 기본적인 의식주를 공급받는 단계에서 시작됩니다. 부모가 자녀를 먹이고 입히는 것이 당연하듯이, 하나님 안에서 우리의 기본적인 생활이 해결되는 것은 사실 자연스러운 일입니다. 그러나 이는 말 그대로 기본적인 공급으로서, 본인이 사는 데는 크게 문제가 없겠지만 남에게 베풀고 심기에는 제한이 있습니다.

저의 경우도 삶의 기본적인 필요를 공급하시는 하나님 '아버지'에 대한 계시가 가장 먼저 열렸습니다. 부엌에 이미 엄마가 준비해 놓으신 음식이 다 있는데도 방 안에만 가만히 앉아서 밥 달라고 떼쓰는 것과 같이, 하나님께서는 저에게 필요한 것을 이미 다 마련해 놓으셨는데 저는 그저 앉아서 달라고 기도만 하고 있었던 것입니다. 그러한 사실을 발견하고 말씀을 붙잡자, 삶에서 최소한의 공급은 모두 채워지기 시작했습니다. 그전에는 수중에 있는 돈의 양에 비추어 의사를 결정했다면, 그 후부터는 먼저 하나님의 뜻을 묻고 그에 따라 방향을 정하니 필요한 돈도 정확하게 따라오는 것을 체험하게 되었습니다.

그러나 어느 시기가 되니 다음 단계로 올라가야 한다는 것을 알게 되었습니다. 흔히 "믿음의 근육을 단련시킨다"라는 표현을 합니다. 무게 운동을 할 때 처음에는 가벼운 아령으로 시작하지만, 어느 순간이 되면 그것이 더는 운동 효과를 내지 못하는 것을 느끼게 됩니다. 그때는 다음 단계로 무게를 올려야 할 때입니다. 영적인 영역에서 믿음을 발휘하는 것도 마찬가지입니다. 처음에는 도전적으로 여겨졌던 문제가 일상화되고 쉬워지고 나면, 이제는 다음 단계로 믿음의 수준을 확장해야 할 때임을 영적으로 자연스럽게 알게 됩니다.

그럴 때 재정 분야의 믿음을 확장하는 방법은 여러 가지가 있습니다. 지금까지 얼마의 헌금을 드려왔는데, 더 늘려야 할 때라는 감동에 따라 하나님께 더 많이 드릴 수도 있습니다. 또는 개인적인 필요를 채워야 할 상황에서, 믿음을 발휘해야겠다는 감동을 따라 도전할 수도 있을 것입니다. 어떤 형태든 중요한 것은 그것이 영의 감동에 따른 믿음의 표현이어야 한다는 점입니다. 그것이 아니라 율법적인 부담이나 개인적 욕심에 의한 것이라면, 이는 하나님 왕국의 법칙에서 벗어난 것으로서 그에 따른 결과를 볼 수 없을 것입니다.

이렇게 믿음이 확장되는 과정 가운데 제 삶에서는 말할 수 없이 수많은 간증들이 있었습니다. 그리고 영적으로 더 성장하면서는 특별히 따로 구하지 않고 무언가 필요하다고 생각만 해도 주시는 단계에 이르게 되었습니다.(물론 제가 개인적인 욕심을 따라 불필요한 소비를 하려고 했다면 그런 일은 일어나지 않았을 것입니다.)

한 예로, 저희 사역이 확장되면서 목사님과 제가 자가용 한 대로 움직이기에는 효율성이 떨어지기 시작한 시점이 있었습니다. 그때 '지금쯤은 차가 한 대 더 있어서 각자 움직이면 더 많은 일을 할 수 있겠다.'라는 생각을 했는데, 일주일 정도 후에 자동차를 헌물하고 싶다는 성도님의 전화를 받은 일이 있었습니다. 하나님께서 사람을 통하여 정확하게 일하신 것입니다. 그러나 만약 제가 '목회자 부부가 따로 차를 가지고 다니는 것은 청빈하지 않고 성도들에게도 덕이 안 돼. 사역의 효과는 좀 떨어지더라도 그냥 참자.'라고 생각했다면 하나님께서도 도우실 수 없으셨을 것입니다. 왜냐하면 믿음은 내가 가진 생각의 틀 안에서 발휘되며, 하나님께서는 그 믿음에 반응하시는 분이기 때문입니다. 그러나 말씀에 비추어 전통적인 사고를 새롭게 하고 바른 중심으로 자신의 필요를 구한다면, 하나님께서는 그것을 채워주시지 않을 이유가 없습니다.

저는 이외에도 비슷한 경험을 여러 번 하면서 개인적인 삶에서 부족함이 전혀 없는 상태를 오랫동안 누려왔습니다. 그런데 어느 날 성령님께서 저에게 새로운 깨달음을 주셨습니다. 단지 개인적인 풍요를 누리는 지금의 수준에 만족하고 머무르는 것이 사실은 이기적인 태도라는 것이었습니다. 세상에서 직접 돈을 버는 사업가가 아닌 사역자로서 하나님의 공급 가운데 부족함 없이 사는 것에 감사했고, 또한 제 수준에서 하나님 나라에 심는 것도 게을리 하지 않았기 때문에, 재정 분야에서 믿음을 더 확장하지 않고 지금 수준에 머물러 있는 것이 이기적이기까지 하다는 말씀은 저에게 큰 충격이었습니다.

그러나 앞서 언급한 그리스도인의 부요와 하나님 나라의 확장에 대한 계시가 열리면서, 사역자나 사업가를 막론하고 믿음의 사람들이 부요를 구하고 초자연적인 형통을 누려야하는 이유를 점점 깨닫게 되었습니다. 이 땅에서 하나님 나라의 일을 하기 위해서는 실제적으로 많은 물질이 필요합니다. 그럴 때 믿는 자들이 부요하다면, 그 일들에 제한 없이 심고 얼마나 많은 열매를 거둘 수 있겠습니까? 또한 성령의 감동에 즉시 반응할 수 있는 성숙한 사람이 많은 물질을 가진다면, 그를 통해 얼마나 많은 사람들이 하나님의 축복을 경험하겠습니까? 선한 일에 기꺼이 드릴 수 있는 사람이 더 많은 물질을 갖는 것이 하나님 왕국에 유익한 일입니다. 그러므로 담대하게 구하십시오. 나는 그동안 하나님의 축복을 많이 받았고 이만하면 만족한다면서, 지금까지 훈련해 온 영적 역량을 더 계발하지 않고 그 수준에 머물러 있는 것이야말로 하나님의 눈에는 참으로 이기적인 태도입니다. 선한 욕심을 가지십시오.

어떤 분야든지 우리의 성장에는 끝이 없습니다. 하나님을 제한하지 말고 끝없는 확장을 기대하십시오. 다만 암을 고치는 믿음이 갑자기 생기기는 어렵듯이, 재정 분야에서도 하루아침에 거액에 대한 믿음을 발휘하기는 어렵습니다. 중요한 것은 방법이 아니라 원리이며, 더 중요한 것은 원리 가운데 일하시는 하나님의 역사입니다. 다른 사람의 간증을 듣고 섣불리 방법만 따라 하기보다, 말씀과 믿음의 원리 가운데 영으로 기능하는 것을 훈련하다 보면 하나님께서는 정확한 시기에 당신에게 맞는 다음 단계로 인도하여 주실 것입니다.

다시 한 번 강조하지만 우리가 추구하는 재정적 형통의 궁극적인 방향은 나의 필요 충족을 넘어 다른 사람의 삶을 세우고 하나님 나라를 확장하는데 이르는 것입니다. 하나님께서는 당신을 재정적으로 크게 높이시기 전에 반드시 당신의 중심을 점검하고 확인하실 것입니다.

승리는 영에서부터 난다

"나는 부요한 자입니다."라는 고백의 근거는 상황이 아니라 하나님의 말씀에 있습니다. 말씀 안에서 계속 선포하고 고백함으로써 당신의 심령 안에서 이것이 깨달아져야 합니다. 즉 자연적인 영역에 실재가 나타나기 위해서는 그전에 영적인 영역에서 내가 왜 부요할 수밖에 없는지가 설득되어야 하는 것입니다. 나는 당연히 부요할 수밖에 없고, 하나님의 공급을 받을 수밖에 없고, 왕으로서 다스리며 살 수밖에 없다는 진리를 영 가운데 확실히 붙잡게 되면, 그 후에 드디어 하나님의 지혜가 활성화되고 기회가 눈에 보이기 시작할 것입니다.

그러나 안타깝게도 많은 그리스도인들이 영 가운데 이런 결론이 나지 않은 채 막연하게 형통을 기대하고 있습니다. 그리스도 안에서 자기가 가진 권세가 무엇인지 알지도 못하고 확신하지도 못하면서, '이 사업은 하나님 나라를 위한 것이고, 가게 이름도 성경에서 따서 지었으니까 하나님께서 축복해 주시겠지' 라는 무조건적인 기대만 가져서는 성공을 이루기 어렵습니다.

세상 시스템은 마귀의 지배하에 자연적인 영역의 원리를 따라 돌아가고 있습니다. 더군다나 지금은 전에 없이 변화가 빠른 시대입니다. 오랫동안 동네를 지키던 슈퍼나 빵집도 이제는 대형마트와 브랜드 체인점 앞에서 문을 닫고 사라져갑니다. 이러한 무한경쟁 속에서 재정적인 성공을 이루는 비결은 무엇입니까? 세상의 자연적인 원리를 따라 함께 빠르게 변화하든지, 아니면 세상의 원리를 뛰어넘는 영적인 원리로 올라가서 기능해야만 합니다. 그런데 많은 그리스도인들이 둘 중 무엇도 아닌 어중간한 상태에 머물며 세상의 피해자로 살아가고 있습니다.

거듭난 그리스도인으로서 세상과는 다른 법칙으로 기능하기를 결단하십시오. 세상의 모든 것이 변해도 하나님의 말씀은 결코 변함이 없습니다. 세상의 원리를 따라 스스로의 노력과 지혜를 의지하는 사람은 생각지 못한 실패를 맛볼 수 있지만, 하나님의 지혜와 원리로 기능하는 사람은 항상 지속적으로 승리할 수밖에 없습니다.

가장 먼저 영적인 영역에서 결론을 내고 시작하십시오. 첫 단추는 하나님의 말씀을 믿는 것입니다. "하나님의 부요가 나의 것이다. 그리스도 안에서 나는 부요한 자다!"라는 말부터 제대로 믿어지지 않는데, 어떻게 영적인 승리를 맛볼 수 있겠습니까? 그런 상태로 일을 시작한다면 그것은 결국 자연적인 영역에서의 싸움이 될 것이고, 당연히 자연적인 원리를 따라 결론이 나게 될 것입니다. 단순히 당신의 의도가 순수하다고 해서 세상의 것들이 전부 당신에게 순종하지는 않습니다. 그 선한 의도가 하나님의 말씀의 원리와 합해질 때에야 비로소 세력을 얻고 세상의 시스템을 능가하는 능력을 발휘하게 되는 것입니다.

부요가 왜 당신의 것인지, 당신이 왜 부요해야 하는지 말씀에서 확인하십시오. 만물이 다 당신의 것입니다. 주변에 하나님의 부요와 형통을 체험하는 그리스도인들이 많지 않더라도, 말씀이 진리라는 사실은 변하지 않습니다.

당신이 바르게 접근하기만 한다면 그 진리는 반드시 역사합니다. 말씀을 붙잡고 확신하십시오. 당신을 통해 축복이 흘러가고 하나님의 나라가 확장될 것을 믿으십시오. 당신에게 재물 얻을 능력과 지혜가 주어졌음을 인식하십시오. 하나님께서 주시는 기회를 포착하고 행하십시오. 그렇게 할 때 세상의 법칙을 뛰어넘는 초자연적인 형통과 부요가 당신에게 실재가 될 것입니다.

고백

- 예수 그리스도께서 부요한 자로서 가난케 되심은 나로 부요케 하기 위함입니다.
- 거듭난 나는 부요한 자입니다. 이것은 하나님의 자녀로서의 권세입니다. 부요는 하나님의 선물입니다.
- 하나님께서는 나에게 재물 얻을 능력을 주시고, 지혜를 주시고, 기회를 주십니다. 내게는 언제나 하나님이 주시는 지혜와 능력과 기회와 만남을 잘 활용할 탁월한 영이 있습니다.
- 나는 하나님께서 내게 주신 부요를 사용하여 영혼을 구원하며 하나님의 왕국을 확장하는 하나님의 군사입니다.
- 나는 부요한 자입니다.

제8장

나는 시온의 백성입니다

마지막 복음의 신조입니다. "나는 하나님의 왕국인 시온의 백성입니다."

요 18:36 (한글킹제임스)
예수께서 대답하시기를 "나의 왕국은 이 세상에 속한 것이 아니니라. 만일 나의 왕국이 이 세상에 속한 것이라면 내 부하들이 싸워서 나를 유대인들에게 넘어가지 않게 하였을 것이라. 그러나 지금은 나의 왕국이 여기에 속한 것이 아니니라."고 하시더라.

요 17:16
내[예수님]가 세상에 속하지 아니함 같이 그들도 세상에 속하지 아니하였사옵나이다 예수님은 세상에 속한 분이 아니십니다. 하늘나라에서 오셔서, 이 땅에서도 하늘나라의 법을 따라 기능하시다가, 다시 하늘나라로 올라가셨습니다. 그분의 왕국은 이 땅에 근거를 둔 것이 아니었습니다. 그런데 그분은 자신뿐 아니라 우리도 세상에 속한 자가 아니라고 말씀하셨습니다.

우리는 이 세상에 살지만 이 세상에 속한 자가 아닙니다. 즉 우리는 육체적으로는 이 땅에 속해 있지만 영적으로는 하나님의 왕국인 시온에 속한 자로서, 세상과는 다른 법칙으로 기능한다는 뜻입니다.

사실 어떤 종교에서 '왕국kingdom'이라는 말을 즐겨 사용하는 것 때문에, 그리스도인들이 이 단어에 대해 왜곡된 인식을 갖게 된 것이 사실입니다. 그러나 그들이 먼저 잘못 사용했다고 해서 이 말 자체에 문제가 있는 것은 아닙니다. 오히려 하나님의 왕국, 즉 하나님의 나라에 대한 개념을 정확히 인식한다면, 우리는 그리스도인으로서 굉장히 능력 있는 삶을 살 수가 있습니다.

예수님께서는 성경 곳곳에서 왕국kingdom of heaven, kingdom of God에 대해 말씀하십니다. 이는 우리가 보통 생각하듯이 믿는 자가 죽은 후에 가게 되는 '하늘나라heaven'만을 가리키는 것이 아니라, 하나님의 통치와 영향력이 미치는 모든 영역을 의미합니다. 즉 이 땅에서라도 우리가 왕국의 법칙에 따라 기능하면서 하나님의 통치를 나타낸다면 그곳에 곧 하나님의 왕국이 임하는 것입니다.

우리는 하나님의 왕국인 시온에 사는 자로서 이 세상에 보내졌습니다. 거듭난 순간부터 우리의 영생, 즉 하나님과 같은 종류의 생명은 이미 시작되었고, 우리는 그 생명을 가지고 하나님의 왕국 안에서 다스리고 통치하며 능력 있는 삶을 살도록 부름 받았습니다.

엡 2:6-7
또 함께 일으키사 그리스도 예수 안에서 함께 하늘heavenly places에 앉히시니 이는 그리스도 예수 안에서 우리에게 자비하심으로써 그 은혜의 지극히 풍성함을 오는 여러 세대에 나타내려 하심이라

예수님께서 부활하실 때 우리도 일으켜져서 함께 하늘에 앉았습니다. 여기에서 '하늘'이라는 말은 영어 성경의 'heavenly places'라는 표현에서도 알 수 있듯이, 천국이라는 특정 공간이라기보다는 영적인 영역의 자리들을 가리키는 것입니다. 즉 우리는 나중에 천국에 가서만이 아니라 이 땅에서도 4차원의 영적 원리로 기능하기만 한다면, 하나님의 '은혜의 지극히 풍성함을 오는 여러 세대에게 나타낼' 수 있습니다.

고후 5:18, 20
모든 것이 하나님께로서 났으며 그가 그리스도로 말미암아 우리를 자기와 화목하게 하시고 또 우리에게 화목하게 하는 직분을 주셨으니…그러므로 우리가 그리스도를 대신하여 사신

이 되어 하나님이 우리를 통하여 너희를 권면하시는 것 같이 그리스도를 대신하여 간청하노니 너희는 하나님과 화목하라

우리는 그리스도와 세상을 화목하게 하는 화해의 직분을 받았습니다. 즉 우리는 말 그대로 그리스도를 대표하는 사신으로서, 이 땅에서 왕국의 기능을 따라 살면서 왕국의 삶을 주입시키는 자입니다. 우리는 우리의 영에서 비롯되는 참된 탁월함과 형통을 세상에 나타냄으로써 영혼을 구원하고 왕국을 확장합니다. 그것이 바로 하나님께서 우리를 시온에 속한 자로서 이 땅에 보내신 목적입니다. 이 목적을 위해 우리 새로운 피조물들을 세상과 비교할 수 없이 월등한 존재로 만드신 것입니다. 그러므로 우리는 스스로를 위로부터 난 자로 인식하고, 하나님의 왕국인 시온의 법칙을 따라 탁월한 삶을 살며 영향력을 발휘해야 합니다.

아브라함이 바라 본 한 도성 : 시온

그동안 그리스도인이 '하늘나라 천국 시민'이라는 말은 많이 들었지만, "하나님의 왕국"이니 "시온"이라는 말은 용어 자체가 생소하여 이해가 잘 되지 않으실 수도 있겠습니다. 우선 간단히 관계를 정리하자면, '시온'과 '하나님의 왕국'은 같은 말로 보아도 무방합니다. 그리고 우리가 일반적으로 생각하는 '(육체가 죽은 후에 가는) 하늘나라(천국)'는 하나님 왕국의 한 부분입니다.

이를 이해하기 위해서는 평면적이고 이분법적인 개념에서 벗어나 입체적인 개념으로 접근해야 합니다. 예를 들어, 구약 시대에는 성전이 이스라엘이라는 물리적인 한 장소에만 존재했지만, 이제는 성도 안에 성령님께서 내주하심으로 말미암아 우리 자신이 성전이 되고 우리가 가는 곳마다 성령의 임재가 함께하게 되었습니다. 시온의 개념도 마찬가지로 이해할 수 있습니다. 흔히 교회 안에서 '가야 할 천국'과 '임하는 천국'이라는 표현을 쓰는데, 이 말에도 지금 우리가 이야기하는 '하나님의 왕국(시온)'에 대한 계시가 어느 정도 녹아있다고 볼 수 있습니다.

그렇다면 성경에서는 '시온'이 어떻게 계시되어 있는지 확인해 보겠습니다.

히 11:8-10, 13-16, 39-40 (한글킹제임스)
믿음으로 아브라함은 장차 유업으로 받을 땅으로 떠나가라는 부름을 받았을 때, 순종하여 어디로 가야 하는지도 모르면서 떠났으며 믿음으로 그는 타국 땅에 있는 것같이 약속의 땅에 기거하여 그와 함께 그 동일한 약속의 상속자들인 이삭과 야곱과 더불어 장막에서 살았느니라. 이는 그가 기초들이 있는 한 도성을 기다렸음이니 그것을 세우시고 만드신 분은 하나님이시니라. …
이들은 모두 믿음 안에서 죽었으나 모두가 그 약속들을 받은 것은 아니로되 멀리서 그것들을 보았고 확신하여 소중히

간직하였으며, 또 이 땅 위에서 타국인이요 순례자라고 고백
하였느니라. 이는 이런 것들을 말하는 사람들은, 자신들이 본
향을 찾고 있음을 분명히 나타낸 것임이라. 만일 그들이 실로
떠나온 고향을 생각하였더라면 되돌아갈 기회가 있었겠지만,
이제 그들이 사모하는 곳은 더 좋은 본향, 곧 하늘에 있는 것
an heavenly이라. 그러므로 하나님께서는 그들의 하나님이라
불리는 것을 부끄러워하지 아니하시니 이는 그들을 위하여
한 도성을 예비하셨음이라. …
이 사람들이 모두 믿음을 통하여 좋은 평판good report을
얻었으나 그 약속을 받지는 못하였으니, 하나님께서는 우리
를 위하여 어떤 더 좋은 것을 예비하사 우리가 아니고서는
그들이 온전케 되지 못하게 하셨느니라.

히브리서 11장은 아시다시피 '믿음' 장으로서 우리 선진들이
어떤 믿음으로 하나님을 기쁘시게 하고 인정을 받았는지 적고 있
습니다. 그중 아브라함은 하나님으로부터 "너는 너의 본토 친척
아비 집을 떠나 내가 네게 지시할 땅으로 가라"라는 명령을 받고
가나안 땅으로 떠났습니다. 그러나 그는 후에 가나안이 최종
목적지가 아님을 알게 되었습니다.

아브라함을 비롯한 믿음의 선진들은 가나안 땅 이상의 약속의
땅이 있는 것을 알았고, 그 '한 도성'을 믿음으로 바라보았습니다.
그 믿음이 너무나 확실하였기 때문에, 그들은 이 땅에 살면서도

스스로 타국인이요 순례자라 고백하면서 아직 오지 않은 그 도성을 자신의 진짜 본향으로 여겼습니다. 그리고 이러한 믿음으로 인해 그들은 하나님께 좋은 평판을 얻었습니다.

그러나 그들은 결국 그 약속을 받지 못하고 죽었습니다. 그들이 기다리던 왕국은, 그들이 죽고 예수 그리스도가 오셔야만 성취되는 하늘의 영역에 속한 영적인 도성이었기 때문입니다.

히 12:22-24(현대인의성경)
그러나 여러분이 다다른 곳은 시온산과 살아계신 하나님의 성인 하늘의 예루살렘입니다. 그곳은 수많은 천사들과 하늘에 등록된 장자들의 총회와 교회, 그리고 모든 사람의 심판자이신 하나님과 완전하게 된 의로운 사람들의 영이 있는 곳입니다. 또 우리는 새 계약의 중재자이신 예수님과 복수를 호소하던 아벨의 피보다 나은 그리스도의 은혜로운 피에 접하게 되었습니다.

그 도성은 바로 하늘의 예루살렘, 즉 시온입니다. 이제 새 언약에 속한 우리는 그곳에 이르렀으며, 아브라함이 바라보았던 그 약속의 완전한 열매를 받아 누리게 되었습니다.

사실 시온과 시온 산(헤르몬 산)은 구약 성경에서 자주 언급되는 실제 지명으로서, 여러 구절을 통해서 이스라엘 민족들이 그 땅을 매우 사모했음을 볼 수 있습니다. 사실 이는 두 가지의 의미를 담고 있는 예언이었습니다. 즉 시온은 이스라엘 백성들이 돌아가기 원했고 사모했던 실제 장소일 뿐만 아니라, 하나님께서 장차 예수 그리스도를 통하여 이룰 하나님의 영적인 왕국을 예표하는 것이기도 합니다.

시온은 천만 천사, 하늘에 기록된 장자들의 모임과 교회, 만민의 심판자이신 하나님, 온전하게 된 의인의 영들, 새 언약의 중보자이신 예수, 그리고 아벨의 피보다 더 나은 것을 말하는 뿌린 피로 이루어져 있습니다(히 12:22-24, 개역개정). 이와 같이 하나님과 예수님과 천사들은 물론, 예수를 믿고 죽은 믿음의 선조들과 이 땅에 지금 살아 있는 우리들까지 함께 속해 있는 이 보이지 않는 세계 전체가 하나님의 왕국이자 살아계신 하나님의 도성, 하늘의 예루살렘인 "시온"인 것입니다.

시온의 삶

그렇다면 시온에서의 삶은 어떠한 삶일까요? 첫 번째로, 시온은 믿음으로만 들어갈 수 있는 나라입니다.

> 히 4:2, 6 (한글킹제임스)
> 복음을 전해 들은 것은 그들이나 우리나 마찬가지나, 전파된 말씀이 그들에게 유익을 주지 못한 것은, 그것을 들은 자들이 믿음을 결합시키지 못했기 때문이라. … 그러므로 누군가

거기에 들어가야만 하는 일이 남아 있으나 먼저 복음을 들은
자들은 믿음 없음으로 인하여[3] 들어가지 못한 것이라.

위 구절에서는 '안식'으로 상징되는 시온에 어떻게 들어갈
수 있는지에 대해 이야기합니다. 우리는 복음을 듣고 거듭남으로
말미암아 시온의 백성이 됩니다. 그러나 같은 복음을 들었어도
누군가에게는 유익이 되고 누군가에게는 아무런 효과가 없는
이유는, 듣는 자가 거기에 믿음으로 반응했는가의 여부에 따른
것입니다. 시온은 오직 믿음으로만 들어갈 수 있는 나라이며,
반대로 믿음이 없이는 결코 시온의 백성이 될 수 없습니다.

두 번째, 시온은 안식이 있는 곳Resting Place입니다. 우리가
시온의 백성으로서 시온의 법을 따라 온전히 기능한다면, 이 땅
에서도 하나님의 안식을 누리며 살아갈 수 있습니다.

히 4:9-10(한글킹제임스)
그러므로 하나님의 백성에게 한 안식이 남아 있도다. 그의
안식에 들어간 사람은 하나님께서 자기 일에서 쉬신 것같이
그도 자기 일에서 쉬었느니라.

---

[3] 한글개역개정에서는 이 부분을 "순종하지 아니함으로"라고 번역했으나,
영어킹제임스에서는 'because of unbelief' 즉, '불신앙(믿음 없음)
때문에'라고 적고 있다.

위의 구절을 포함한 히브리서 4장에서는 믿는 자가 얻게 되는 안식에 대해 말하고 있습니다. 이는 단순히 죽어서 천국에 가는 것만을 의미하는 것이 아닙니다. 하나님께서 천지를 창조하신 후에 그분의 일에서 쉬고 계신 것같이, 또한 예수께서 자신의 사역을 마치시고 보좌에 앉아 계신 것같이, 믿음으로 시온에서 태어난 우리는 예수 그리스도와 함께 하늘에 앉아 그 권세와 안식을 함께 누릴 수 있습니다.

세 번째, 시온은 하나님의 말씀의 영적인 원리로 운영되는 나라입니다.

히 11:1-3(한글킹제임스)
이제 믿음은 바라는 것들에 대한 실상이요, 보이지 않는 것들에 대한 증거니, 원로들이 그것으로써 좋은 평판을 얻었느니라.
믿음으로 우리는 세상들이 하나님의 말씀으로 지어진 것을 깨닫나니 보이는 것들은 나타나는 것들로 된 것이 아니니라.

믿음은 보이지 않는 것을 실재로 불러오는 증서와 같습니다. 믿음의 선진들은 그러한 믿음으로 보이지 않는 것들을 나타나게 하며 자신의 세계를 지어갔습니다. 이것이 우리가 속한 시온의 원리입니다. 우리는 이 세상과는 다른 하나님의 말씀의 원리, 믿음의 원리를 따라 시온의 백성으로서 권세를 풀어내고 실재를 만들며 살아갑니다.

네 번째, 시온은 하나님의 영광이 나타나는 곳입니다. 구약 성경에서는 예루살렘의 땅인 시온을 사모하여 그 아름다움을 찬양하는 구절을 많이 볼 수 있습니다. 그런데 하나님의 입장에서 이 구절들은 예수 그리스도를 통해 세워질 영적인 도성인 시온에 대한 예언이기도 했습니다.

시 50:2(한글킹제임스)
완전한 아름다움the perfection of beauty인 시온에서 하나님께서 빛을 발하셨도다.

시온은 단순히 아름답다는 말로는 설명되지 않는 '완전한 아름다움' 입니다.

시 122:6-7(한글킹제임스)
예루살렘의 화평을 위하여 기도하라. 너를 사랑하는 자들은 번성하리로다. 네 성벽들 안에는 화평이, 네 궁전들 안에는 번영이 있을지어다.

예루살렘(시온)을 위하여 기도하라는 것은 이스라엘 민족에게는 실제로 그 땅을 위해 기도하라는 의미이지만, 우리의 입장에서는 영적인 의미에서 예수님께서 오셔서 만드실 그 도성을 마음에 두고 그것을 위해 기도하라는 예언으로 이해할 수 있습니다.

렘 51:50 (한글킹제임스)
칼을 피한 너희는 멀리 가라, 가만히 서 있지 말라. 멀리서 주를 기억하며 예루살렘을 네 생각 속에 둘지니라.

우리가 속한 시온은 눈에 보이는 영토나 영역은 아닙니다. 그러므로 우리가 시온의 백성으로서 기능하기 위해서는 시온을 늘 인식해야 합니다. 예를 들어 우리가 중국에 한국 대사로 파송되었다면, 늘 한국을 생각하고 한국의 상황과 입장을 대변하기 위해 노력할 것입니다. 현재 실제 살고 있는 곳은 중국이라 할지라도, 그곳은 다만 내가 한국을 나타내야 할 대상국에 불과합니다.

우리는 완벽한 아름다움인 시온을 항상 마음에 두고 그곳의 법칙에 따라 기능함으로써, 내가 사는 이 땅에 하나님의 영광을 나타내고 시온의 영향력을 확장해야 합니다.

시온의 문화

이러한 시온의 삶이 우리 그리스도인들에게 주어졌습니다. 그러나 모두가 시온의 삶을 사는 것은 아닙니다. 시온의 삶을 누리며 사는 것은 우리 각자의 선택에 달려 있습니다. 해외로 이민 간 교포 2세들을 보면, 혈통이나 뿌리는 한국인이지만 언어나 사상은 자신이 살고 있는 곳의 문화에 완전히 동화되어 현지인과 다를 바 없이 살아가는 사람들이 많습니다. 이와 같이 우리도 영적인 본질은 시온에 속해 있더라도, 실제 삶은 몸이 속해 있는 자연적인 영역의 원리를 따라 살아갈 수도 있습니다. 그러나 그 상태로는 하나님께서 왕국 안에서 주시는 축복과 능력을 제대로 누릴 수 없습니다. 시온의 백성답게 살기 위해서, 우리는 세상의 법칙이 아니라 시온의 법칙을 따라 기능해야 합니다. 그리고 그러한 삶으로 들어가는 것은 온전히 우리의 선택에 달려 있습니다. 그런 면에서 시온의 문화를 공부하는 것은 시온의 백성으로서 매우 중요한 일입니다.

제가 여러 나라를 다녀보고 또 살아보기도 하면서 느끼는 것이지만 각 나라에는 저마다 특유의 문화가 있습니다. 문화란 무엇입니까? 이는 단순히 말과 행동 자체를 넘어, 그들이 그렇게 행동할 수밖에 없도록 만드는 바탕이자 어떤 면에서는 한계이기도 합니다. 예를 들어 미국 목사님들을 보면 영적으로 굉장히 성숙하고 훌륭하신 분들임에도 불구하고, 한편으로는 미국적인 사고방식에서 벗어나지 못하는 것을 보게 됩니다. 한 예로 어떤 미국인 선교사님들이 선교지에 가실 때 크리스마스트리까지 다 챙겨 가시는 것을 본 적이 있습니다. 우리가 흔히 선교사들에게 기대하듯이 다 버리고 떠나는 '헌신'의 개념과는 다소 차이가 있는 것입니다. 한편 새벽기도, 철야기도와 같은 특별한 기도 문화는 한국인 특유의 열심이 낳은 독특한 산물입니다. 그러나 이로 인해 오히려 구하기는 잘 하지만, 정작 하나님으로부터 받아 누리는 것에는 약하다는 한계를 보이기도 합니다.

그러나 새로운 피조물에게는 한국인의 문화, 미국인의 문화가 따로 있는 것이 아니라 오직 '그리스도인의 문화'만이 있을 뿐입니다. 거듭난 자로서 우리는 육신이 속한 배경과 문화에서 벗어나, 하나님의 말씀으로 우리의 생각을 새롭게 하고 새로운 피조물의 온전한 삶을 살아야 합니다.

언젠가 성령 충만한 그리스도인의 삶에 대해 표현한 그림을 본 적이 있습니다. 한 무리의 군인들이 정렬하여 군악대의 음악에 맞추어 행진하는 와중에, 그 행렬 가운데 있는 어떤 사람이 혼자서만 멀리서 들려오는 북소리를 들으며 그 박자를 따라 남들과는 다른 박자의 걸음으로 걸어가고 있는 모습이었습니다. 이와 같이 세상 사람들은 당장 눈에 보이는 세상의 문화를 따라 한 방향으로 우르르 줄지어 가지만, 거듭난 새로운 피조물은 아무리 심한 소란 중이라도 왕국의 문화를 인식하고 성령의 음성을 따라서 정확한 발걸음으로 자신의 길을 찾아갈 수 있습니다. 그리고 그런 삶은 결코 실패할 수 없습니다. 하나님의 말씀은 반드시 역사하기 때문입니다.

롬 12:1
그러므로 형제들아 내가 하나님의 모든 자비하심으로 너희를 권하노니 너희 몸을 하나님이 기뻐하시는 거룩한 산 제물로 드리라 이는 너희가 드릴 영적 예배니라 우리의 삶 자체가 거룩한 제사이자 예배입니다. 하나님께서는 과거 예수님을 통하여 이 땅에서 일하셨듯이, 이제는 우리를 통해 일하기 원하십니다. 물론 회중으로 모여서 드리는 예배도 중요하지만, 교회에 나와서 함께 드리는 것만 예배라고 생각하고 실제 삶은 전혀 다르게 살아간다면, 이는 예배에 대한 온전한 계시에 이르지 못한 것이라 할 수 있습니다. 이와 같이 행위와 형식을 우선에 두는 구약식의 사고방식이 여전히 남아 있다면, 새로운 피조물의 계시에 비추어 생각을 새롭게 하는 작업이 지속적으로 일어나야 합니다.

요 8:23
예수께서 이르시되 너희는 아래에서 났고 나는 위에서 났으며 너희는 이 세상에 속하였고 나는 이 세상에 속하지 아니하였 느니라

예수께서 이 땅에 살아 계실 때 스스로 이르시기를, 나는 위로부터 난 자이며 이 세상에 속하지 않았다고 말씀하셨습니다. 그리고 이제 예수님의 죽으심과 장사됨과 부활에 동참하여 거듭난 우리에게도 이 말씀은 유효합니다. 우리는 하나님의 왕국인 시온에서 태어난 시온의 백성으로서, 이 땅에 살지만 이 땅에 속하지 않은 자입니다.

고후 5:17
그런즉 누구든지 그리스도 안에 있으면 새로운 피조물이라 이전 것은 지나갔으니 보라 새 것이 되었도다

'새로운 피조물'은 시온에서 기능하는 우리를 가리키는 정확한 표현입니다. 우리가 스스로 새로운 피조물로 인식하고 기능하는 것 자체가 곧 시온의 문화라고 할 수 있습니다. 시온의 문화라고 하여 특별한 방법이나 매뉴얼이 있는 것이 아닙니다. 그리스도 안에서 우리가 누구인지 말해주는 성경 구절들이 모두 시온의 문화에 대한 설명입니다. 이러한 구절들을 찾아 지속적으로 고백함으로써 그것들이 우리의 사상이 되도록 만들어야 합니다. 확실하게 각인시키기 위해 암기하는 것도 좋은 방법입니다. 어떤 상황에서든 바로 튀어 나올 정도로 내 것으로 삼고 믿음으로 선포할 때, 이 말씀들이 비로소 우리의 삶을 바꾸는 능력 있는 예언이 될 것입니다.

갈 6:14-16(한글킹제임스)
그러나 나에게는 우리 주 예수 그리스도의 십자가 외에는 결코 자랑할 것이 없나니 그로 인하여 세상이 나에게 십자가에 못박히고 나도 세상에게 그러하니라. 그리스도 예수 안에서는 할례나 무할례가 아무 효력이 없으되 오직 새로운 피조물뿐이니라. 이 규례를 따라 행하는 자들에게와 하나님의 이스라엘 위에 화평과 자비가 있을지어다.

사도 바울은 육신으로도 자랑할 것이 많은 사람임에도 불구하고, '예수 그리스도의 십자가 외에는 결코 자랑할 것이 없다'고 말합니다. 우리가 육신을 자랑하는 것은 결국 자연적인 영역의 일에 지나지 않습니다. 집안이나 혈통이나 학벌 같은 것은 이제 아무 소용이 없습니다. 십자가로 인해, 세상이 나에 대해 못 박히고 또한 나도 세상에 대해 못 박혔기 때문입니다. 이는 한마디로 세상과 내가 서로 상관이 없어졌다는 뜻입니다. 이제 우리는 더는 세상의 것에 유혹 받지 않을 뿐 아니라, 자연적인 법칙의 지배를 받지 않습니다.

성경에서는 자연적인 영역의 법칙, 즉 육신의 법을 가리켜 '죄와 사망의 법'이라고 합니다(롬 8:2). 왜냐하면 자연적인 법칙들은 아담이 범죄함으로 말미암아 사망과 함께 세상에 들어온 것이기 때문입니다. 반면 영적인 법칙은 '생명의 성령의 법'입니다. 생명의 법, 하늘의 법, 시온의 법이 모두 같은 말입니다. 우리는 오직 새로운 피조물로서의 정체성만을 인식하고, 시온의 법칙을 따라 살아가는 사람들입니다.

롬 6:11
이와 같이 너희도 너희 자신을 죄에 대하여는 죽은 자요 그리스도 예수 안에서 하나님께 대하여는 살아 있는 자로 여길지어다reckon

위 말씀에서 '여길지어다'라는 말은 단지 추정한다거나 그렇게 치라는 정도의 의미가 아닙니다. 여기에서 쓰인 영어 성경의 단어 'reckon'은 회계학에서 쓰이는 용어이기도 합니다. 즉 예수 그리스도 안에서 지금 내가 처해 있는 위치를 셈을 하듯이 확실하게 인식하고 기능하라는 것입니다. 죄에 대해 죽었다는 것은 위의 갈라디아서 6장 말씀과 마찬가지로, 3차원적인 육신의 법과 죄의 법이 더는 우리를 제한할 수 없다는 뜻입니다. 대신 우리는 하나님께 대하여 살아서 하나님의 왕국의 법칙을 따라 살아가는 자입니다.

벧전 2:9 (한글킹제임스)
그러나 너희는 선택받은 세대chosen generation요 왕같은 제사장royal priesthood이며, 거룩한 민족holy nation이요, 독특한 백성peculiar people이니, 이는 너희를 어두움에서 불러내어 그의 놀라운 빛으로 들어가게 하신 분의 덕을 너희로 선포하게 하려는 것이니라.

우리는 옛 언약에 속한 자들은 결코 누릴 수 없는 엄청난 영광의 자리로 부름 받았습니다. 우리를 이렇게 탁월한 새로운 피조물로 만드신 이유는 무엇입니까? "너희를 어두움에서 불러내서 그의 놀라운 빛으로 들어가게 하신 분의 덕을 너희로 선포하게 하려는 것이니라." 말씀에서 정확하게 적고 있듯이, 바로 하나님의 능력을 선포하고 세상에 나타내기 위해서입니다. 우리는 이러한 목적을

분명히 인식함으로써, 복음의 유익과 새로운 피조물의 능력을
혼자서만 누리지 말고 세상을 향해 선포하고 나타내야 합니다.

롬 5:17
한 사람의 범죄로 말미암아 사망이 그 한 사람을 통하여 왕
노릇 하였은즉 더욱 은혜와 의의 선물을 넘치게 받는 자들은
한 분 예수 그리스도를 통하여 생명 안에서 왕 노릇 하리로다

자연적인 영역은 사망이 왕으로 다스리는 세계입니다. 세상에서 아무리 권세가 있는 자라도 결국은 사망 아래서 종노릇하고 있는 것뿐입니다. 그러나 예수 그리스도를 통하여 임한 하나님의 왕국은 은혜와 의의 선물을 넘치게 받은 자들, 즉 우리 새로운 피조물이 생명 안에서 왕으로서 다스리는 세계입니다.

시온의 언어

시온의 백성은 시온의 언어를 말합니다. 다시 말해, 시온 안에서 통용되고 효력을 나타내는 언어가 따로 있다는 뜻입니다.

사 33:24
그 거주민은 내가 병들었노라 하지 아니할 것이라 거기에
사는 백성이 사죄함을 받으리라

시온의 백성은 '나는 병들었다'라고 말하지 않습니다. 마치 미국인이 한국어를 말할 수 없듯이, 우리는 그런 말을 할 수 없습니다. 설사 질병의 증상이 있다고 하더라도, "예수께서 채찍에 맞으심으로 나는 나았습니다. 나는 신성한 건강을 가졌습니다." 라고 선포하는 것이 우리의 언어입니다.

잠 15:4 (한글킹제임스)
건전한 혀는 생명의 나무이나, 그 안에 있는 패역함은 영 안의 틈이니라.

바르고 온전한 말을 하는 혀는 생명의 열매를 맺는 생명나무지만, 혀 가운데 있는 패역함은 우리 영에 구멍을 내는 것과 같다고 말합니다. 이를 두고 영어확대번역본 Amplified에서는 영을 '무너뜨린다 break down'라고 까지 표현합니다. 잘못된 말은 이 정도로 파괴력이 있습니다.

시온의 언어는 눈에 보이는 세상의 현상이나 감각, 어두움, 부정적인 것을 말하지 않고, 오직 하나님의 말씀에서 말하는 새로운 피조물의 정체성과 소유와 능력과 축복들에 대해서만 말합니다.

이러한 시온의 언어가 믿음과 결합되어 선포될 때 우리가 원하는 변화들이 일어나게 됩니다. 즉, 시온의 원리를 알고 그것을 믿음으로 말하면, 그 말을 통하여 자연적인 영역에 초자연적인 일들이 일어납니다.

막 11:23 (한글킹제임스)
진실로 내가 너희에게 말하노니, 누구든지 이 산더러 '옮겨져 바다에 빠지라.'고 말하고, 그의 마음에 의심하지 않으며, 그가 말한 것들이 이루어지리라고 믿으면 말한 것은 무엇이든지 이루어지리라.

이것은 구약 시대에는 없었던 기도입니다. 그러나 예수님과 함께 일으켜진 새로운 세대, 하나님의 생명으로 거듭난 새로운 피조물에게는 이런 기도가 가능합니다. 우리에게는 이제 믿음의 선언으로 상황을 변화시킬 수 있는 권세가 위임되었으며, 그것이 새로운 피조물로서 기능하는 방법입니다. 우리가 하나님의 말씀에 동의하여 생명의 능력을 풀어내며 선포할 때, 이는 곧 하나님의 말씀에 대한 대언이자 우리의 미래에 대한 예언의 역할을 하게 될 것입니다.

마 18:18
진실로 너희에게 이르노니 무엇이든지 너희가 땅에서 매면 하늘에서도 매일 것이요 무엇이든지 땅에서 풀면 하늘에서도 풀리리라

결국 모든 것이 우리에게 달려 있습니다. 우리가 하는 말에 따라 무엇이든지 매이기도 하고 풀리기도 합니다. 하늘나라에서는

질병, 가난, 죄와 같은 어두움은 묶여 있고, 치유, 부요, 의와 같은 생명의 빛은 풀려 있습니다. 그러므로 하나님의 자녀 된 우리가 그것에 동의하여 같은 말을 하면, 영적인 영역에서 이미 이루어진 것들이 우리가 살고 있는 자연적인 영역에도 실재로서 나타나게 될 것입니다.

얼마 전에 어떤 목회자로부터 이런 질문을 받은 적이 있습니다. 성도들이 예전에는 "주세요. 해 주세요."하는 기도를 할지언정 나와서 열심히 기도하더니, 믿음의 말씀을 배우고 나니까 이제는 예전만큼 기도를 하지 않는데 어떻게 하면 좋겠냐는 것이었습니다.

이전의 계시에 머물러 있었을 때에는 기도하지 않으면 아무 것도 받지 못할 것 같았기에 하나님께 절박한 마음으로 매달리며 많은 시간을 들여 기도했습니다. 그러나 믿음의 말씀을 배우면, 하나님의 본성과 새로운 피조물의 정체성을 알게 되고 기도에 대한 접근 방식도 달라지므로, 더는 하나님께 매달리거나 애걸하지 않게 되고 실제로 이전처럼 많이 기도하지 않았는데도 삶에서 자연스럽게 응답을 체험하는 일이 잦아지게 됩니다. 그러나 그렇다고 해서 하나님에 대한 열망이 약해진다거나 기도 시간 자체가 급격히 줄어드는 것은 곤란합니다.

우선 꾸준한 방언 기도를 통해 영을 세우고 우리 안의 성령님을 활성화함으로써, 그분의 음성을 잘 듣고 행할 수 있는 심령 상태를 유지해야 합니다. 그리고 그에 못지않게 중요한 것이 바로 선포입니다. 방언 기도는 우리의 영을 강건하게 하고 보이지 않는 세계에 대한 계시를 깨닫게 하지만, 선포 기도는 그 능력이 실제 상황 가운데 역사하게 합니다. 말씀을 많이 알면 그 말씀이 나를 보호하는 역할을 해줍니다. 그러나 그 말씀이 실재의 영역에서 활동하여 변화를 가져오게 하기 위해서는, 믿음으로부터 나온 고백과 선포가 반드시 함께 있어야 합니다.

하나님께서는 이 세상이 혼돈 가운데 있었을 때에 어떤 세계를 창조하실지 영적인 눈으로 이미 바라보고 믿으셨습니다. 그러나 그런 생각만 품고 말로 선포하지 않으셨다면, 아무 일도 일어나지 않았을 것입니다. 하나님께서 영으로 보신 세계는 그분이 "빛이 있으라!"라고 말로 선포하셨을 때 비로소 실재가 될 수 있었습니다.

우리가 기능하는 원리도 동일합니다. 우리가 아무리 말씀을 따라 생각을 완전히 바꾸었다고 해도, 그것이 말과 행동으로 나타나지 않는다면 아무런 영향력이 없습니다. 변화의 씨앗은 우리의 영혼에 있지만, 그것이 육체적인 영역으로 나타나야 실질적으로 '상황이 바뀌었다'고 말할 수 있는 것입니다. 그러므로 상황을 바꾸기 위해서는, 심령 가운데 역동하는 능력을 변화의 대상을 향해 내보내는 선포와 대언과 명령이 있어야 합니다. 그래서 과거에 간구 기도를 열심히 했던 것만큼, 이제는 선포 기도를 충분히 해야 합니다. 언제까지입니까? 당신의 심령에 의심할 수 없이 확실한 승리의 신호가 올 때까지, 또는 실제로 그 변화를 볼 때까지입니다.

우리에게는 하나님과 같은 변화의 능력, 창조의 능력이 있습니다. 그 능력은 당신의 심령에서 비롯되어 당신의 입에서 풀어집니다. 당신의 말에는 당신의 삶을 조성하는 능력이 있습니다. 말씀 고백과 선포를 단순히 긍정적인 고백이나 주문 같은 것으로 여기지 마십시오. 당신이 하나님의 말씀을 믿고 말할 때, 그것은 하나님의 뜻을 대신 선언하는 '대언'이며, 자연적인 영역에 속한 것들에게 마땅히 되어야 할 바를 지시하는 '명령'이며, 반드시 그대로 이루어질 수밖에 없는 '예언'의 말씀이 됩니다.

승리하는 시온의 삶의 요소들

우리가 시온에서 승리하는 삶을 살기 위해서 꼭 필요한 요소들이 있습니다. 바로 하나님의 말씀, 우리의 변화된 생각, 믿음, 그리고 우리의 말입니다.

1 **하나님의 말씀**

시온은 하나님의 말씀, 특별히 새로운 피조물의 계시에 대한 말씀을 따라 운영되는 나라입니다. 하나님의 말씀에는 로고스Logos와 레마Rhema 두 가지 종류가 있습니다. 먼저 로고스는 기록된 말씀을 의미합니다.

벧전 1:23

너희가 거듭난 것은 썩어질 씨로 된 것이 아니요 썩지 아니
할 씨로 된 것이니 살아 있고 항상 있는 하나님의 말씀으로
되었느니라

골 3:16

그리스도의 말씀이 너희 속에 풍성히 거하여 모든 지혜로
피차 가르치며 권면하고 시와 찬송과 신령한 노래를 부르며
감사하는 마음으로 하나님을 찬양하고

요 1:1

태초에 말씀이 계시니라 이 말씀이 하나님과 함께 계셨으니
이 말씀은 곧 하나님이시니라

하나님의 로고스 말씀이 우리 속에 풍성히 거해야 그 말씀을 통해 하나님께서 우리를 인도하실 수 있습니다. 우리는 나름대로 열심히 기도함으로써 성령의 음성을 듣고 인도 받을 수도 있지만, 우리 안에서 말씀이 뒷받침되지 않으면 한계가 있을 수밖에 없습니다. 성령의 인도는 영으로 오지만, 그것을 해석하고 받아들일 때 반드시 혼의 통로를 거치기 때문입니다. 다시 말해, 우리의 혼에 들어있지 않고 깨닫지 못한 말씀을 통해서는 하나님께서도 인도하시기 어렵다는 뜻입니다. 아무리 열심히

기도하고 음성을 듣고 환상을 본다 하더라도, 하나님의 말씀을 아는 계시 지식의 수준을 높이지 않으면 마치 작은 방에 갇혀 있는 것처럼 그 정도 영역에서 왔다갔다 제자리걸음을 할 수밖에 없습니다.

성령의 역사를 사모하는 것은 물론 중요하지만, 먼저 말씀의 바탕이 마련되어야 합니다. "나는 구원받은 죄인"이라는 생각이 확고한 사람에게 하나님께서 "너는 그리스도 안에서 의인이다."라고 말씀하신들 그는 결코 그것을 하나님의 음성으로 받아들일 수 없을 것입니다. 하나님께서 주시고자 하는 것이 아무리 많고 크더라도, 결국 어린아이에게는 그 수준에 맞는 것만 제한적으로 주실 수밖에 없습니다.

그러므로 우리는 말씀을 통해 우리의 세계를 확장해야 합니다. 그래야 하나님으로부터 보고 듣는 것도 풍성해집니다. 하나님께서 나에게 마음껏 말씀하실 수 있는 상태가 되는 것입니다.

새로운 피조물의 계시에 대한 말씀들을 찾아 공부하십시오. 그리고 지속적으로 고백함으로써 내 혼을 먹이고 마음을 새롭게 하십시오. 이와 같이 우리의 영과 혼을 말씀으로 풍성히 채워나가는 것은, 장차 성령의 역사와 결합하며 실제로 효력을 나타낼 수 있는 재료를 축적하는 것과 같습니다.

이러한 로고스가 실제로 효력을 발휘하게 될 때 그것을 레마라고 합니다. 레마라는 말은 '선포된 말씀Spoken Words'이라는 뜻입니다. 즉 기록된 로고스 말씀이 실재의 영역에서 활동하는 상태를 이르는 것입니다. 로고스 말씀도 그 자체로 진리이지만, 우리 삶의 환경과 사건 가운데 들어가 실제적인 변화를 일으키는 것은 선포된 말씀인 레마입니다.

마 4:4 (한글킹제임스)
그러나 주께서 대답하여 말씀하시기를 "기록되었으되 '사람이 빵으로만 사는 것이 아니요 하나님의 입에서 나오는 모든 말씀으로 사느니라.'고 하였느니라." 하시더라.

엡 6:17
구원의 투구와 성령의 검 곧 하나님의 말씀을 가지라

에베소서 6장에는 '하나님의 전신 갑주'가 열거됩니다. 이를 살펴보면 진리의 허리띠, 의의 호심경, 평안의 복음의 신, 믿음의 방패, 구원의 투구 등 대부분이 수비를 위한 것이고, 오직 "성령의 검 곧 하나님의 말씀"만이 공격 무기인 것을 볼 수 있습니다. 여기에서 말하는 '하나님의 말씀'이 바로 "레마", 즉 우리 입에서 선포되는 말씀입니다.

우리의 심령을 채우고 있는 로고스 말씀은 잘못된 생각이 들어올 때 그것이 진리가 아님을 분별해주고 우리를 보호합니다. 다시 말해 로고스는 우리의 생각을 바꾸어 주고 능력을 주는 역할을 하는 것입니다. 그러나 이것만으로는 상황을 변화시킬 수 없습니다. 로고스가 활성화되어 실재의 영역을 다루어야만 비로소 변화가 일어납니다. 즉 말씀이 레마 상태가 되어야 공격 무기의 역할을 수행할 수 있는 것입니다.

그러나 입으로 말한다고 모두 레마가 되는 것은 아닙니다. 성령의 감동을 따라 심령의 믿음을 합하여 선포할 때 그것이 바로 레마 말씀입니다. 이것은 예언과 같은 효력이 있으며 실재를 불러오는 능력이 있습니다. "왕의 말은 권능이 있나니"(전 8:4)라는 말씀과 같이, 우리는 능력의 말을 통해 각자의 세계를 왕으로서 다스리고 창조해야 합니다. 이것이 선포기도, 예언(대언)기도가 우리의 기도 생활에 반드시 포함되어야 하는 이유입니다.

결국 하나님의 말씀은 로고스와 레마 모두 시온에서 승리하는 삶을 살기 위한 첫 번째 필수 요소라고 할 수 있습니다.

2 하나님의 말씀으로 바뀐 생각

또한 시온의 백성으로서 승리하는 삶을 살기 위해서는 하나님의 말씀으로 당신의 생각을 새롭게 해야 합니다. 우리의 생각이 하나님의 말씀에 맞게 변화될 때 비로소 바른 소망을 붙잡을 수 있게 되기 때문입니다.

> 고후 5:17
> 그런즉 누구든지 그리스도 안에 있으면 새로운 피조물이라 이전 것은 지나갔으니 보라 새 것이 되었도다

벧후 1:3-4 (한글킹제임스)
그의 신성의 능력이 생명과 경건에 속한 모든 것을 우리에게 주심에 따라 우리를 영광과 덕에 이르도록 부르신 분에 관한 지식을 통해 그리되기를 바라노라. 이로써 우리에게 지극히 크고 귀한 약속들을 주심은 너희로 하여금 이 약속들을 통해서 정욕으로 인해 세상에 있게 된 타락을 피하여 하나님의 본성에 동참하는 자가 되게 하려 하심이라.

우리는 그리스도 안에서 새로운 피조물로 거듭났으며, 생명과 경건에 속한 모든 것을 받았습니다. 이는 그리스도의 속량으로 인해 합법적으로 이루어진 사실입니다. 그러나 법적으로 이루어진 것을 실재의 영역에서 누리는 것은 또 다른 문제입니다. 말씀 안에서 자신을 발견하여 생각을 바꾸고 또 그 변화된 생각을 따라 선포하고 행할 때, 비로소 하나님의 본성에 참여하는 자의 삶을 실제로 살 수 있게 됩니다.

롬 8:10 (한글킹제임스)
만일 그리스도께서 너희 안에 계시면 몸은 죄로 인하여 죽은 것이나 성령은 의로 인한 생명이니라.

엡 2:5-7
허물로 죽은 우리를 그리스도와 함께 살리셨고 (너희는 은혜로 구원을 받은 것이라) 또 함께 일으키사 그리스도 예수 안에서 함께 하늘에 앉히시니 이는 그리스도 예수 안에서 우리에게 자비하심으로써 그 은혜의 지극히 풍성함을 오는 여러 세대에 나타내려 하심이라

갈 6:14-16
그러나 내게는 우리 주 예수 그리스도의 십자가 외에 결코 자랑할 것이 없으니 그리스도로 말미암아 세상이 나를 대하여 십자가에 못 박히고 내가 또한 세상을 대하여 그러하니라 할례나 무할례가 아무 것도 아니로되 오직 새로 지으심을 받는 것만이 중요하니라 무릇 이 규례를 행하는 자에게와 하나님의 이스라엘에게 평강과 긍휼이 있을지어다

이것이 우리의 현재 위치입니다. 우리는 은혜로 구원받아 새로운 피조물로서 그리스도와 함께 하늘에 앉았고, 세상에 대해 못 박힌 존재가 되었습니다. 그러므로 더는 3차원적인 법칙의 영향에 제한되어 있지 않고, 세상으로 인해 실패할 수도 없습니다. 이것이 바로 하나님께서 우리를 위해 디자인하신 시온의 삶입니다.

고후 3:7-11, 16-18
돌에 써서 새긴 죽게 하는 율법 조문의 직분도 영광이 있어 이스라엘 자손들은 모세의 얼굴의 없어질 영광 때문에도 그

얼굴을 주목하지 못하였거든 하물며 영의 직분은 더욱 영광이 있지 아니하겠느냐 정죄의 직분도 영광이 있은즉 의의 직분은 영광이 더욱 넘치리라 영광되었던 것이 더 큰 영광으로 말미암아 이에 영광될 것이 없으나 없어질 것도 영광으로 말미암았은즉 길이 있을 것은 더욱 영광 가운데 있느니라 … 그러나 언제든지 주께로 돌아가면 그 수건이 벗겨지리라 주는 영이시니 주의 영이 계신 곳에는 자유가 있느니라 우리가 다 수건을 벗은 얼굴로 거울을 보는 것 같이 주의 영광을 보매 그와 같은 형상으로 변화하여 영광에서 영광에 이르니 곧 주의 영으로 말미암음이니라

심령의 눈을 가리는 수건을 벗고, 거울을 보듯이 하나님의 말씀을 계속 들여다보면, 어느새 우리도 그와 같은 형상으로 변화되고 영광에서 영광에 이르게 됩니다. 위의 말씀에서는 우리가 받은 영광을 모세의 영광에 비교하여 묘사합니다. 즉 모세가 율법을 받았을 때 그에게 임한 영광의 광채로 인해 이스라엘 백성들이 그 얼굴을 똑바로 보지 못했는데, 우리가 받은 영광은 그러한 과거의 영광이 이제 더는 영광이 아닐 정도로 더 크고 영원하다는 것입니다.

이와 같이 하나님께서 우리에게 주신 복음의 말씀은 우리를 더 큰 영광으로 옮겨주고, 더 큰 자유와 더 밝은 빛 가운데 들어가게 합니다. 그리고 우리가 복음을 계속해서 들여다보면, 그 빛이

자연스럽게 스며들어 세상에서 그리스도의 편지이자 대사로서 빛을 발하는 삶을 살게 됩니다.

골 2:9-15

그[그리스도 예수] 안에는 신성의 모든 충만이 육체로 거하시고 너희도 그 안에서 충만하여졌으니 그는 모든 통치자와 권세의 머리시라 또 그 안에서 너희가 손으로 하지 아니한 할례를 받았으니 곧 육의 몸을 벗는 것이요 그리스도의 할례니라 너희가 세례로 그리스도와 함께 장사되고 또 죽은 자들 가운데서 그를 일으키신 하나님의 역사를 믿음으로 말미암아 그 안에서 함께 일으키심을 받았느니라 또 범죄와 육체의 무할례로 죽었던 너희를 하나님이 그와 함께 살리시고 우리의 모든 죄를 사하시고 우리를 거스르고 불리하게 하는 법조문으로 쓴 증서를 지우시고 제하여 버리사 십자가에 못 박으시고 통치자들과 권세들을 무력화하여 드러내어 구경거리로 삼으시고 십자가로 그들을 이기셨느니라

예수 그리스도 안에는 신성의 모든 충만함, 즉 하나님의 모든 충만함이 거하십니다. 예수님은 모든 통치자와 권세를 무력화하시고 일어나신 분입니다. 또한 우리도 그 안에서 함께 일어남으로 말미암아 마귀를 이긴 자가 되었고, 그 충만함을 누리는 자가 되었습니다.

이와 같이 거듭난 내가 지금 누구이며, 무엇을 가지고 있고, 무엇을 할 수 있는지를 말씀 안에서 계속 발견하고 생각을 바꿀 때, 그 변화된 생각이 우리로 하여금 시온에서 승리하는 삶을 살 수 있도록 만들어 줍니다.

3 믿음

하나님의 말씀을 알수록 우리는 '내가 이렇게 살 수도 있구나!'라는 것을 깨닫고 각자 자신의 세계에 대한 그림을 새롭게 그리게 됩니다. 그것이 바로 소망입니다. 소망은 우리가 아는 만큼만 확장될 수 있으며, 또한 하나님의 말씀 안에서만 온전히 증가될 수 있습니다. 말씀에 대한 더 높은 차원의 계시로 들어갈수록, 우리가 누려야 할 더 큰 세계를 발견하게 되고 우리의 소망도 함께 확장되는 것입니다.

그러나 알게 되었다 하더라도 믿지 않는다면 아무 소용이 없습니다. 그런 면에서 **믿음은** 우리가 붙잡은 **소망을 실재로 만들어 주는 열쇠**입니다. 삶에 열매가 있는 신앙의 선진들이나 성경 말씀을 통해 영적인 그림을 보고 소망을 붙잡았다면, 거기에 믿음을 더할 때 비로소 성령의 역사가 일어나고 그 소망들이 실재가 되어 나타납니다.

히 11:1
믿음은 바라는 것들의 실상이요 보이지 않는 것들의 증거니 믿음은 바라는 것에 실체를 줍니다. 즉 소망을 실재로 만들어 주는 것이 바로 믿음입니다.

히 4:2, 6
그들과 같이 우리도 복음 전함을 받은 자이나 들은 바 그 말씀이 그들에게 유익하지 못한 것은 듣는 자가 믿음과 결부시키지 아니함이라 … 그러면 거기에 들어갈 자들이 남아 있거니와 복음 전함을 먼저 받은 자들은 순종하지 아니함으로 말미암아 들어가지 못하였으므로

위의 말씀에서 보듯 믿음은 하나님께서 주시는 좋은 것들을 취하기 위한 중요한 열쇠입니다. 믿음이 없이는 하나님과 관계를 맺는 첫걸음조차 내딛을 수 없으며, 하나님의 왕국인 시온에도 들어올 수 없습니다. 그러므로 믿음이 없이 시온의 백성으로서 제대로 기능한다는 것은 불가능한 일입니다.

요일 5:4
무릇 하나님께로부터 난 자마다 세상을 이기느니라 세상을 이기는 승리는 이것이니 우리의 믿음이니라

믿음이 우리로 하여금 세상을 이기게 합니다. 시온 백성이 하나님의 말씀으로 생각을 바꾸고 거기에 믿음을 더하여 풀어내는

것을 훈련하기 시작하면 세상은 결코 그를 막을 수 없습니다.

4 우리의 말

시온에서 승리하는 삶을 살기 위한 마지막 요소는 바로 우리의 말입니다. 우리 안에 충만한 말씀과 믿음은 반드시 밖으로 표현되어야 효력을 발휘할 수 있습니다.

> 수 1:8(한글킹제임스)
> 이 율법책을 네 입에서 떠나지 않게 하고 주야로 그 안에 있는 것을 묵상하여 그 안에 기록된 모든 것대로 지켜 행하라. 그리하면 네가 너의 길을 번영하게 만들 것이고 네가 좋은 성공을 이루리라.

이제 새 언약에 속한 우리에게 있어서 위 성경구절에서 말한 '율법책'은 그리스도 안에서 나는 누구이고, 무엇을 가지고 있으며, 무엇을 할 수 있는지에 대한 "새로운 피조물의 실재"에 관한 말씀으로 대체할 수 있습니다. 그 말씀을 단지 공부할 뿐만 아니라 '네 입에서 떠나지 말게 하고 밤낮으로 묵상하고, 또 지켜 행하라'고 말합니다. 여기에서 '묵상'이라고 번역된 히브리어 "하가hagah"는 '말씀의 뜻을 이해하고 설득되다', '작은 소리로 중얼거리다', '크게 포효하며 선언하다'라는 뜻을 가지고 있습니다. 즉, 새로운 피조물의 정체성을 항상 인식하고 고백하며 또한 '지켜 행하라'는 것입니다.

그렇게 하면 '네가 너의 길을 번영하게 하고 네가 좋은 성공을 이룰' 것이라고 말씀은 말합니다. 하나님께서 '내가 해주겠다'고 말씀하지 않으시고, '네가 할 것이다'라고 말씀하신 것에 주목하십시오. 결국 모든 것은 우리에게 달려 있습니다.

그동안 많은 그리스도인들이 이에 대해 잘못된 그림을 가지고 있었습니다. 나는 가만히 앉아서 기도만 하면 하나님께서 다 알아서 해주실 것이라고 기대하면서, 결국 이 땅에서 하나님께서 예비하신 축복들을 온전히 다 누리지 못했습니다. 그러나 하나님께서는 이미 모든 일을 마치셨고, 우리에게 필요한 모든 것을 다 주셨습니다. 다만 그것을 얼마나 풀어내고 활용할 것인가는 우리에게 달려 있습니다. 그래서 하나님께서는 여호수아에게 네가 너의 길을 번영케 하고 네가 좋은 성공을 이룰 것이며, 네가 네 발로 밟는 땅이 너의 기업이 될 것이라고(수 14:9) 말씀하신 것입니다.

그렇다고 구약식으로 직접 가서 땅을 밟아야만 하는 것은 아닙니다. 이제 우리는 믿음의 말의 권세를 가졌으므로, 성령의 감동을 따라 믿음으로 선언하면 그 말씀이 환경 가운데 역사하고 원하는 열매를 얻게 될 것입니다.

엡 6:17
구원의 투구와 성령의 검 곧 하나님의 말씀을 가지라

위에서 이미 살펴보았듯이, 입으로 선포하는 레마 말씀은 우리에게 주어진 유일하지만 강력한 공격 무기입니다.

히 11:2-3 (한글킹제임스)
원로들이 그것으로써 좋은 평판을 얻었느니라. 믿음으로 우리는 세상aion들이 하나님의 말씀으로 지어진 것을 깨닫나니 보이는 것들은 나타나는 것들로 된 것이 아니니라.

위의 구절에서 '세상(세계)들'이라고 번역된 단어의 원어를 보면, 우주와 세상을 말하는 '코스모스cosmos'가 아니라, 시대 또는 세대를 말하는 '아이온aion'이라는 단어가 사용되었습니다. 즉, 믿음의 선진들은 믿음의 말을 통해 보이지 않는 것을 나타나게 하여 각자 자신들의 생애와 세대를 지었다는 것입니다. 그리고 마찬가지로 이제 우리도 승리하는 시온의 요소들, 그 중에서도 특별히 믿음의 말을 통해 우리의 삶을 지어갑니다.

말씀을 듣거나 성경을 읽다보면, 이것은 나에게 주시는 말씀이다 싶은 부분이 있습니다. 바로 나에게 선포되는 레마 말씀입니다. 그러나 그 말씀을 받아서 심령에 담아두기만 한다면, 레마를 로고스로 만들어 버리는 것입니다. 그러므로 그 레마 말씀을 다시 내 입을 통해 레마로서 선포해야 말씀의 능력이 활성화되고 자연적인 영역에서 실제적인 변화를 경험할 수 있습니다.

결국 모든 능력과 해답은 하나님의 말씀에 있습니다. 그 말씀을 붙잡고 그대로 말하십시오. 몇 번 고백해 보고 "안 되네? 아무리 하나님 말씀이라도 이런 상황에서는 안 되나봐."라고 포기해버리는 우를 범하지 마십시오. 말씀 선포는 단순히 어떤 기술이나 방법이 아닙니다. 우리가 선포하는 말씀이 왜 역사할 수밖에 없는지 그 원리를 이해하고 실행한다면, 그리고 중간에 멈추지만 않는다면, 성령의 능력이 역사함으로 말미암아 반드시 결과를 가져올 수밖에 없습니다.

승리하는 시온의 삶

우리는 하나님의 왕국인 시온에 속한 자입니다. 거듭났을 때 우리는 세상과는 전혀 다른 생명을 받아, 세상과는 전혀 다른 왕국으로 들어왔으며, 세상과는 전혀 다른 법칙을 따라 기능하게 되었습니다. 이제 우리가 해야 할 일은 시온의 백성으로서 능력 있고 권세를 잘 사용하는 자로 끝까지 성장하는 것입니다.

어려운 일이 아닙니다. 지금까지 배운 복음의 내용을 의식적이며 지속적으로 듣고 먹이고 믿고 말하고 풀어내면 됩니다. 복음의 메시지는 복잡하고 어려운 것이 아닙니다. 우리는 신학자나 말씀 선생이 아니라, 다만 복음의 전문가가 되면 됩니다.

이 단순한 진리를 반복하고, 계시의 깊이를 더하십시오. 그리하여 기회가 있는 동안에 왕국 안에서 하나님께서 높여 주시는 장성한 분량에 이르기까지 끊임없이 전진하고 상승하십시오.

이 땅에서의 삶은 유한하지만 그 열매는 영원합니다.

그리고 무엇보다 중요한 것은 이 모든 것의 초점을 영혼 구원에 맞추십시오. 하나님께서 당신에게 모든 것을 주시고 왕국의 삶으로 부르신 궁극적인 목적은 이 세상 가운데 그 영광된 삶을 나타냄으로써 하나님의 왕국을 확장하고 다른 영혼들을 얻어 오기 위한 것입니다. 그것이 사실상 당신이 이 땅에 살아 있는 이유입니다.

"그러나 너희는 택하신 족속이요 왕 같은 제사장들이요 거룩한 나라요 그의 소유가 된 백성이니 이는 너희를 어두운 데서 불러 내어 그의 기이한 빛에 들어가게 하신 이의 아름다운 덕을 선포하게 하려 하심이라"(벧전 2:9) 하나님께서 주신 새 피조물의 복된 삶을 누리되, 그것이 세상의 구원받지 않은 사람들에게 덕을 끼치기 위한 것임을 항상 인식하십시오. 당신이 하나님의 마음을 따라 영혼구원을 최우선에 둘 때, 당신의 삶은 역동적으로 확장될 원동력을 얻게 되며, 이전에는 알 수 없던 하나님의 왕국에서의 깊이와 능력을 체험하게 될 것입니다.

부록 - 고백 기도문

 나는 그리스도 안에 있는 내가 누구인지 압니다!

나는 이 땅에 살지만 이 땅에 속한 자가 아닙니다.
나는 시온의 시민입니다. 그러므로 나는 시온의 법, 즉 영적인 원리로 살아갑니다.(요 17:16, 히 12:22)
나는 위로부터 온 자입니다.
나는 믿음으로 초자연적인 삶을 살아갑니다.
이 땅의 어떤 환경도 나를 피해자로 만들 수 없습니다.
나는 이 세상을 이기고 초자연적으로 세상을 다스리며 살아가는 정복자보다 더 큰 자입니다.(롬 8:37)
예수님, 감사합니다. 나는 내가 누구인지 압니다.
그리스도 안에서 나는 새로운 피조물입니다.(고후 5:17)

나는 하나님의 생명, 예수님과 같은 생명으로 살아갑니다.
(요일 4:17)

하나님 아버지께서 그리스도의 십자가로 말미암아 생명과 경건에 속한 모든 것을 하나님의 능력으로 내게 주셨습니다.
(벧후 1:3)

내가 어느 곳을 밟든지 그 약속의 말씀들은 이미 보장된 것입니다.(수 1:3)

나는 의인입니다.

예수님께서 나의 의가 되셨으므로 나는 하나님 앞에서 의인입니다.(고후 5:21)

'의'는 내가 거듭날 때 받은 선물입니다.

나는 의인으로 다시 태어났습니다.

'의인의 간구는 역사함이 크다'고 말씀하셨으므로 내 기도는 언제나 응답받습니다.(약 5:16)

하나님은 이 세상을 지혜로 창조하셨습니다. 그 지혜가 내 안에 있습니다.

나는 하나님의 지혜로 말합니다.

나는 하나님의 지혜로 행합니다.(고전 1:30)

하나님의 지혜는 내 영과 혼과 육체에 충만합니다.

건강도, 치유도 나의 것입니다.(사 53:4-5, 벧전 2:24)

그것은 내가 거듭날 때 하나님으로부터 받은 선물입니다.

부요도 나의 것입니다.(고후 8:9, 빌 4:19, 고후 9:8)

부요도 내가 거듭날 때 하나님으로부터 받은 선물입니다.

나는 성공하는 자입니다.

나는 실패할 수 없습니다.

나는 아플 수 없습니다.

나의 삶은 점점 풍성해 집니다.

나는 상황을 바꾸는 자입니다!

나는 내가 누구인지 압니다. 나는 그리스도 안에서 승리하는 자입니다.

나는 과거에 하던 생각을 바꾸었습니다. 나는 내 생각과 마음을 바꾸었습니다.

나는 성공하는 자입니다.

아버지, 오늘도 나를 인도해 주시니 감사합니다.

영광의 왕을 경배합니다. 나는 오늘도 주님과 함께 나아갑니다. 성령님과 함께 나아갑니다.

나는 내 영 안에서 내가 가야 할 바른 방향을 알고 있습니다. 나는 바른 것을 볼 것이며, 바른 일을 할 것입니다.

영광의 소망인 그리스도께서 내 안에 계십니다.

내가 어디를 가든지 내 좌우에는 호의가 있습니다.

나는 다스리는 영을 가지고 있습니다. 그러므로 나는 실패할 수 없습니다.

나는 주변의 상황이나 사람들에 의해 흔들리지 않습니다.

나는 하나님의 생명으로 가득하고 성령님으로 가득하기 때문입니다.

아버지, 예수님의 이름으로 감사드립니다. 할렐루야!

나는 하나님의 자녀입니다. 나는 새로운 언어를 가지고 있습니다.

그 언어는 영의 언어입니다. 그 언어는 승리하는 언어입니다.

나는 언제나 이기는 자입니다. 나는 언제나 이기는 자입니다.

나는 내가 누구인지 압니다. 나는 언제나 승리합니다.

나는 매일 발전하고 진보합니다. 나는 앞으로 전진합니다. 나는 승리자입니다.

하나님의 말씀이 내 안에 있습니다. 하나님의 생명이 내 안에 있습니다.

내 안에는 영광의 소망이신 그리스도가 계십니다.

그리스도는 내 영에 가득합니다. 내 혼에도 가득합니다. 내 몸에도 가득합니다.

나는 신령한 임재를 가지고 다닙니다.

나는 세상의 빛입니다. 나는 하나님의 놀라운 빛 가운데 거하고 있습니다.

그 안에는 어두움이 조금도 없습니다.

나는 하나님의 영광 안에서 기능합니다. 나는 하나님의 영역에서 기능합니다.

나는 하나님의 영광의 영역, 즉 승리의 영역에서 기능합니다. 나는 하나님의 목적 안에서 기능합니다.

나는 하나님의 영광을 위하여 태어났습니다. 내 삶은 하나님의 영광으로 충만합니다.

나는 이 땅에 바른 시간에 왔습니다.

하나님의 말씀이 내 영 안에 들어와 나를 비추어 내게 정보를 주고, 나를 강건케 하며, 나에게 방향을 제시해 주고, 나를 세워 줍니다. 내가 하나님의 영광을 위해 태어났기 때문입니다.

나는 어느 곳에 가든지 하나님의 축복을 가지고 갑니다.

나는 어느 곳에 가든지 축복을 주는 자입니다.

나는 하나님의 나라, 시온의 백성입니다. 나는 내가 누구인지 압니다.

나는 상황을 바꾸는 자입니다. 그러므로 나는 환경을 탓하지 않습니다. 사람을 탓하지 않습니다.

내게는 상황을 바꾸는 능력이 있기 때문입니다.

나는 내가 누구인지 압니다. 나는 하나님의 생명으로 충만합니다.

나는 하나님의 말씀과 성령의 능력으로 상황을 바꿉니다. 그러므로 나는 언제나 승리합니다.

아버지, 예수님의 이름으로 감사드립니다. 할렐루야!

복음의 신조

발행일 2011. 10. 29 1판 1쇄 발행
        2023. 6. 12 1판 5쇄 발행

지은이 최순애
표 지   원미연
발행인 최순애
발행처 믿음의 말씀사
2000. 8. 14 등록 제 68호
우)16934 경기도 용인시 기흥구 신정로 301번길 59
Tel. 031) 8005-5483 Fax. 031) 8005-5485
http://faithbook.kr

ISBN 89-94901-22-1 03230
값 12,000원

이 책에 인용된 한글 성경 구절은 대한성서공회 개역개정판과 말씀보존학회 한글킹제임스 2008년판을, 영어 성경 구절은 King James Version을 주로 사용하였으며 예외의 경우에는 따로 표기하였습니다.

본 저작물의 저작권은 '믿음의말씀사' 가 소유합니다. 저작권법에 의해 보호를 받는 저작물이므로 무단 전재와 복제를 금합니다.

믿음의말씀사 출판물

구입문의 : 031-8005-5483 http://faithbook.kr

■ 케네스 해긴의 「믿음 도서관」 책들
- 새로운 탄생
- 재정 분야의 순종
- 나는 지옥에 갔다 왔습니다
- 하나님의 처방약
- 더 좋은 언약
- 예수의 보배로운 피
- 하나님을 탓하지 마십시오
- 네 주장을 변론하라
- 셀 모임에서 성령인도 받기
- 안수
- 치유를 유지하는 법
- 사랑은 결코 실패하지 않습니다
- 하나님께서 내게 가르쳐 주신 형통의 계시
- 왜 능력 아래 쓰러지는가?
- 다가오는 회복
- 잊어버리는 법을 배우기
- 위대한 세 단어
- 하나님의 은사와 부르심
- 그 이름은 "놀라우신 분"
- 우리에게 속한 것을 알기
- 성령을 받는 성경적인 방법
- 하나님의 영광
- 은혜 안에서의 성장을 방해하는 다섯 가지
- 사랑 가운데 걷는 법
- 바울의 계시: 화해의 복음
- 당신은 당신이 말하는 것을 가질 수 있습니다
- 그리스도 안에서
- 말
- 방언기도의 능력을 풀어 놓으라
- 옳은 사고방식 틀린 사고방식
- 속량 - 가난, 질병, 영적 죽음에서 값 주고 되사다
- 네 염려를 주께 맡겨라
- 예언을 분별하는 일곱 단계
- 절망적인 상황을 반전시키기
- 당신의 믿음을 풀어 놓는 법
- 진짜 믿음
- 믿음이란 무엇인가
- 그리스도께서 지금 하고 계시는 일
- 충분하고도 넘치는 하나님 엘 샤다이
- 금식에 관한 상식
- 하나님의 말씀 : 모든 것을 고치는 치료제
- 가족을 섬기는 법
- 조에
- 당신이 알아야 하는 신유에 관한 일곱 가지 원리
- 여성에 관한 질문들
- 인간의 세 가지 본성
- 몸의 치유와 속죄
- 크게 성장하는 믿음
- 하나님 가족의 특권
- 기도의 기술
- 나는 환상을 믿습니다
- 병을 고치는 하나님의 말씀
- 영적 성장
- 신선한 기름부음
- 믿음이 흔들리고 패배한 것 같을 때 승리를 얻는 법
- 믿음의 선한 싸움을 싸우는 법
- 하나님의 계획과 목적과 추구
- 예수 열린 문
- 믿음의 계단
- 당신을 향한 하나님의 계획
- 역사하는 기도
- 기름부음의 이해
- 내주하시는 성령 임하시는 성령
- 재정적인 번영에 대한 성경적 열쇠들
- 어떻게 하나님의 영으로 인도받을 수 있는가?
- 마이더스 터치
- 치유의 기름부음
- 그리스도의 선물
- 방언
- 믿는 자의 권세(생애기념판)
- 믿음의 양식
- 승리하는 교회

■ E. W. 케년
- 십자가에서 보좌까지 무슨 일이 일어났는가?
- 두 가지 의
- 놀라우신 그 이름 예수
- 하나님 아버지와 그분의 가족
- 나의 신분증
- 두 가지 생명
- 새로운 종류의 사랑
- 그분의 임재 안에서
- 속량의 관점에서 본 성경
- 두 가지 지식
- 피의 언약
- 숨은 사람
- 두 가지 믿음
- 새로운 피조물의 실재

■ 스미스 위글스워스
- 스미스 위글스워스의 천국
- 스미스 위글스워스의 매일묵상
- 위글스워스는 이렇게 했다
- 스미스 위글스워스의 능력의 비밀

■ T. L. 오스본
· 행동하는 신자들
· 기적 – 하나님 사랑의 증거
· 새롭게 시작하는 기적 인생
· 좋은 인생
· 성경적인 치유
· 능력으로 역사하는 메시지
· 100개의 신유 진리
· 24 기도 원리 7 기도 우선순위
· 하나님의 큰 그림
· 긍정적 욕망의 힘
· 당신은 하나님의 최고의 작품입니다

■ 잔 오스틴
· 믿음의 말씀 고백기도집
· 하나님의 사랑의 흐름
· 견고한 진 무너뜨리기
· 초자연적인 흐름을 따르는 법
· 당신의 운명을 바꿀 수 있습니다
· 어떻게 하나님의 능력을 풀어놓을 수 있는가?

■ 크리스 오야킬로메
· 여기서 머물지 말라
· 이제 당신이 거듭났으니
· 당신의 인생을 재창조하라
· 이 마차에 함께 타라
· 그리스도 안에 있는 당신의 권리
· 성령님과 당신
· 성령님이 당신 안에서 행하실 일곱 가지
· 성령님이 당신을 위해 행하실 일곱 가지
· 기적을 받고 유지하는 법
· 하나님께서 당신을 방문하실 때
· 올바른 방식으로 기도하기
· 당신의 믿음을 역사하게 하는 법
· 끝없이 샘솟는 기쁨
· 기름과 겉옷
· 약속의 땅
· 하나님의 일곱 영
· 예언
· 시온의 문
· 하늘에서 온 치유
· 효과적으로 기도하는 법
· 어떤 질병도 없이
· 주제별 말씀의 실재
· 마음의 능력

■ 앤드류 워맥
· 당신은 이미 가졌습니다
· 은혜와 믿음의 균형 안에 사는 삶
· 하나님은 당신이 건강하기 원하십니다
· 영 · 혼 · 몸
· 전쟁은 끝났습니다
· 믿는 자의 권세
· 새로운 당신과 성령님

· 노력 없이 오는 변화
· 하나님의 충만함 안에 거하는 열쇠
· 더 좋은 기도 방법 한 가지
· 재정의 청지기 직분
· 하나님을 제한하지 마라
· 하나님의 뜻을 발견하고 따라가며 성취하라
· 하나님의 참 본성
· 하나님의 최선 안에 사는 법

■ 기타 「믿음의 말씀」 설교자들
· 성령의 삶 능력의 삶
· 복을 취하는 법
· 주는 자에게 복이 되는 선물
· 믿음으로 사는 삶
· 붉은 줄의 기적
· 당신이 말한 대로 얻게 됩니다
· 예수–치유의 길 건강의 능력
· 성령 안의 내 능력
· 존 G. 레이크의 치유
· 믿음과 고백
· 임재 중심 교회
· 성령충만한 그리스도인의 지침서
· 열정과 끈기
· 제자 만들기
· 어떻게 교회를 배가하는가
· 운명
· 모든 사람을 위한 치유
· 회복된 통치권
· 그렇지 않습니다
· 당신의 자녀를 리더로 훈련하라
· 오순절 운동을 일으킨 하나님의 바람
· 주일 예배를 넘어서
· 신약교회를 찾아서
· 내가 올 때까지
· 매일의 불씨
· 여성의 건강한 자아상

■ 김진호 · 최순애
· 왕과 제사장
· 새로운 피조물의 실재
· 믿음의 반석
· 새 언약의 기도
· 새로운 피조물 고백기도집(한글판/한영대조판)
· 성령 인도
· 복음의 신조
· 존중하는 삶
· 성경의 세 가지 접근
· 말씀 묵상과 고백
· 그리스도의 교리
· 영혼 구원
· 새로운 피조물
· 믿음의 말씀 운동의 뿌리
· 1인 기업가 마인드
· 내 양을 치라
· 새사람을 입으라